연두

연두

도시를 경작하다
사람을 경작하다

변현단 지음

그물코

차 례

006 책을 펴내며

012 농사 시작하다
016 영농 4주째, '작물을 사람 대하듯이 하라'
022 비빌 언덕이 되어 줄게요
026 작물도 자신을 대하는 사람을 다 알지요
028 네 몸이 이러면 어쩔래?
032 첫 수확, 카타르시스
035 가슴이 휑하오
040 전쟁 같은 하루
046 내 어설픔이라도 힘이 된다면
050 고추와 여성의 관계는 좋을 호
055 고해에서 잘 살려면
059 도둑맞다
061 계집애들끼리의 상생
064 살 벗기 살 입기
067 사람농사를 잘 지어야지요
069 양아치가 따로 있나?
071 가을이 가는구나
075 농한기, 또 다른 농번기
080 농한기, 숨고름의 시작
083 조화로운 삶을 사는 것
087 소리 없는 저항의 손놀림

연두, 도시를 경작하다 사람을 경작하다

091 색부들이 색부된 안녕, 2005년
101 끝은 시작에 물리고
106 선무당이 사람 잡겠지
112 농은 천리안을 준다네
117 가난한 사람들이 가난을 벗어나려는 농
122 변화 사이에는 바람이 있지
130 너도 안식년이 필요할 터인데
133 농은 이타야
137 올해의 궁합은 어떨까?
142 보이는 것이 많을수록
148 식물도 체하고 비만에 걸린다
151 낭만에 대하여
155 자궁이 되는 것
158 소비자, 없어져야 할 개념
162 힘들게 일해야 몸이 편안해집니다
167 살아남기
171 연두'스런 세 친구
178 '연두' 존재의 이유
190 연두농장의 새로운 풍경
196 길 없는 길을 나서다

204 연두농장 걸어온 길 2005~2008
217 덧붙이는 연두생각

책을 펴내며

'힘내세요!'
2009년도 사람들의 새해 인사이다. 세계 자본주의 경제가 쇠락하면서 한국 사회는 고물가, 실업이 만연한 해가 시작되었기 때문이다.
하필이면 이때, 나를 포함한 연두식구들은 정부에서 나오는 보조금(최저생계비)을 받아먹으며 그나마 생명유지는 걱정하지 않았던 시절에서 벗어나 우리가 스스로 살아갈 뿐만 아니라 '농운동가'로 나머지 생애를 살겠다고 '자립'을 선언했다. 실업률이 최고를 경신하는 이 겨울에, 그것도 도시에서 농사로 먹고 살겠다고 말이다. 미쳐도 단단히 미친 것이다.
4년 전에는 나 혼자 미쳐서 2008년까지 왔고, 2009년 1월에는 연두식구들이 미쳤다. 미친 사람이 더 있었는데 억지로 밀어냈다. 미친 사람들이 더 많이 함께 하였다간 내가 감당하지 못하고 미쳐버릴 것 같아서다.
하지만 미친 사람이 많다는 것 자체로 만족스럽기도 하다. 생활 구석구석에서 상품 구매를 줄이는 것, 스스로 상품이기를 거부하면서 최소의 화폐로 살아가는 법을 터득하겠다고 나선 사람들. 최저생계비조차도 땅을 통해서 벌겠다는 모습은 미친 일일지도 모른다.
"앞으로 농사를 짓는 사람만이 대안을 가지고 살아남을 수 있어."
내가 늘 하는 말이다.

도시든 농촌이든 빈곤한 사람들을 비롯해 경쟁에서 낙오된 사람들이 풍요롭게 살아갈 수 있는 유일한 방법은 농(農)이며, 시장 경쟁에서 성공했어도 언제 낙오되어 실업군에 합류할지 모르는 사람들에게도 '땅'은 평생의 직장이 될 것이다. 농이야말로 아이들에게는 가장 훌륭한 선생이 될 것이며, 노인들에게는 가장 친근한 벗이 될 것이다. 농은 정서적으로 물질적으로 우리의 삶을 풍요롭게 하리라 확신한다.

그래서 나는 농의 삶으로 결정했다. 확신하는 것이나 경험한 것은 반드시 다른 사람에게 전하고 그렇게 살도록 인도해주는 선천적 '전도사' 같은 습성으로 인해 '경쟁에서 질 수밖에 없는 사람들'과 함께 미칠 수 있는 기회를 선택했다. 2009년, 연두농장 식구들만이 아니라 연두농장을 지켜보던 지역 사람들도 연두농장의 '자립' 공동체에 가세하기 시작했다. 연두농장을 이끌어 가는 나조차도 흥미진진하다.

연두에 모인 사람들은 도시의 삶에서 낙오된 사람들이다. 세상 풍파 제대로 겪었을지도 모르는 사람들이 모인 곳이다. 귀농이라는 멋진 풍광과는 멀다. 도시의 휘황한 네온사인이라도 있어야 먹고 살 수 있는 일자리가 있을 것 같은 곳에서 생존하는 그런 사람들이다. 조용한 곳에 갔다가도 기어코 노래방이라도 가야 직성이 풀리는 사람들, 화려하고 시끄러운 공간이 오히려 안정감을 주는 정서를 가지고 있는 이들이다. 이들과 함께 뒤웅박처럼 지내오며 '사람농사'를 했던 4년. '유기농업'은 농약과 화학비료를 사용하지 않는 친환경적인 농사법만을 의미하지 않는다. 나는 밭농사와 사람농사를 통해, 농업은 산업이 되어서는 안 되는 이유와 유기농은 기술이 아니라 '삶의 철학'임을 발견하였다.

나를 비롯해 초보들이 모여 주경야독하면서 유기 농사를 짓고, 농사를 통해 사람들과 어떻게 소통하며, 농에 대한 철학이 어떻게 만들어져가는지 영농일기를 통해 전달하고 싶었다.

만 4년 동안 연두농장을 거쳐 간 사람들이 이 일기 속에서 살아 움직이고 있으며, 농사에 대한 정보, 농사기술, 교육에 대한 관점, 농에 대한 비전, 삶의 철학에 이르기까지 생활 전반에 대한 다양한 이야기들이 배어 나온다.

나의 나머지 생애를 내가 좋아하는 것을 즐기며 살아가도 모자라는 시간인데, 사오십년을 길들여져 온 인식과 습관 그리고 생활을 바꾸는 '사람농사'를 하며, 기획부터 농사교육에 이르기까지 하지 않는 것이 없는 전천후 탤런트가 되어 때로는 지독한 피곤과 스트레스로 버거운 일상을 살아가는 이유는 무엇일까?

욕심을 부리면 부릴수록 어떤 것의 노예가 되어가는 삶은 더 깊은 절망으로 빠지게 된다. 가난한 사람이 가난을 이기는 방법은 직접 만들어 알뜰히 다루며 사는 삶이다. 땅의 경작을 통해서, 자연을 통해서 옷과 음식을 만들고, 소박한 집을 만들어 사는 것, 가난한 농부의 삶이다. 가난한 농부의 삶이 오히려 나눌 줄 안다. 자신이 쓰고 남은 것을 주는 부자의 나눔은 떡고물 겉치레일 뿐이다.

'돈'의 개입이 적은 생태적 농의 삶, 밭을 일구며 마음을 일구는 것, 하늘과 땅 그리고 공기 등 가장 흔한 자연이 생명을 유지하기 위해 없어서는 안 될 가장 귀한 것임을 알면서 존중하며 살아가는 삶에 우리의 '희망'이 있음을 보여주고 싶다.

힘겨운 시기가 올해로 끝나지 않고 더욱 더 질곡으로 치닫는 전망 속에서 도시에서는 땅 다섯 평이라도 경작할 수 있는 것이, 촌에서는 농사를 짓는 것이 그리고 자식들에게 경작할 수 있는 땅과 경작하는 방법을 알려주는 것이 가장 큰 재산이 될 것임을. '농'은 유래없이 힘겨운 이 시기를 견디고 극복할 수 있는 유일한 힘이 될 것이다. 도시에 모인 '허약하고 취약한 이들'이 모두 땅을 경작하기 시작하는 날, 도시는 비로소 긴 죽음에서 벗어나기 시작한다.

2009년, 연두농장 식구들이 자립을 선언하고 '경작본능'을 일깨우는 농운동가로 나섰다. 도시에서 지금까지 살아온 자신의 생활방식을 바꾸고 새로운 대안적 삶을 경작하기 시작했다.

꿈을 꾸면 그 꿈을 닮아간다.

2009년 3월
변현단

해가 뜨면 일하러 가고
해가 지면 돌아와 쉰다.
우물을 파서 물을 얻고
땅을 일궈 곡식을 거둔다
이처럼 우주의 창조에 동참하니
왕이라 해도 이보다 나을 수 없다.
고대 중국

사람이 살아가는 데 필수품은
몇 벌의 옷과 계절이 내어주는 먹을거리
그리고 가족이 잠을 잘 수 있는 몇 평의 집이 있으면 된다.
내 손으로 만드는 옷,
내 손으로 만든 음식,
내 손으로 만든 집에 살았던 오래전의 삶들은
자신이 만들었기에 버릴 것 없이 소중하게 다룰 줄 알았다.

자신이 디자이너가 되었고,
목수가 되었으며, 요리사가 되었다.
이른바 우리 모두는 '탤런트'였던 셈이다.
소비자가 되는 것이 아니라
생산자가 되어 자신이 소비할 때 가장 검박한 생활이 가능하다.
그럴 때 '돈'의 노예가 되지 않는 것이며,
생산하는 노동은 즐거운 놀이가 된다.
이것은 자연에 천착한 농(農)으로 출발하는 때 가능하다.
연두의 가치

농사 시작하다

　조건부수급자들, 이른바 생활보호대상자들의 자활을 책임진 영농은 그리 만만한 일이 아니다. 농업으로 경제적 자립을 꾀하는 일은 지금의 현실에 비추었을 때 미친 짓이나 다름없는 지도 모른다. 30~50세 사이 여성 아홉 명과 신체장애 남성 한 명, 모두 열 명이 공동경작을 한다. 다들 태어나 처음으로 농사를 짓는 이들이다. 그들의 자활을 책임진 나 또한 그러하다. 이윤을 극대화하는 철저한 생산, 판매기획 그리고 인력관리가 필요하다.

　고추 500평, 고구마 200평, 들깨 및 알타리 무 200평, 감자 500평, 그리고 하우스 200평에 쌈채 및 열무를 심었고, 100평 하우스에 토마토를 키우고 있다. 그리고 우리 팀원 열 명에 10평씩 100평을 주말농장용으로 제공하였다. 1,500평에 계절채소를 심고 생산량과 매출량을 추측해본다. 판매는 소비자 직거래로 할 계획이므로 회원확보를 위한 홍보기획을 해야 한다. 상표 이름을 결정하여 최소한의 포장재도 만들어야 한다. 자재는 되도록이면 만들어 써야 한다. 지난주에 혐기성 발효 쌀겨액비를 만들었지만 추비를 주어야 하는 상황에서 액비 20리터를 어디서 구해 와야 한다. 왕초보 농사꾼들이라 각 작물에 대한 모델 농가를 찾아가 배울 수 있는 교육일정도 잡아야 한다. 이들의 근무

시간이 오전 9시에서 오후 6시이기에 내가 아침 일찍 작물을 살펴보고 해야 할 일들을 지시해야 한다. 이들을 지시에 따르는 단순한 인력꾼으로 만들어서는 안 된다. 그래서 내가 하는 일들을 같이 논의하는 구조로 만들어나가고 있다. "당신들은 단순히 일만 해서는 안 됩니다. 경영을 배워야 합니다. 우리 모두 생산기획자가 되어야 합니다"라고 하면서.

하지만 이들은 이런 일에 익숙하지 않다. 농사일도 익숙하지 않은데다가 내가 기획하는 것에 대해 같이 결정하는 것에도 익숙할 리 만무하다. 하지만 익숙하도록 만들어야 한다. 이들은 두 시간 연속되는 노동에도 힘겨워한다. 근력을 키우기 위해서도 그들에게 노동시간을 강요해야 한다. 여름이 다가오고 낮에는 일하기 어려우니 적절한 시간 배분이 필요하다. 그래서 하절기에는 교대근무도 할 예정이다. 일반적으로 농부들은 이른 아침 5시부터 일을 한다. 아침시간에 일을 하고 점심나절 태양빛이 한창일 때는 쉬고 오후 3~4시경부터 일을 하게 해야 한다. 열 사람이 협력하지 않으면 안 되는 공동생산이므로 몇 사람이 협조하지 않으면 전체가 망가진다. 이들에 대한 컨트롤이 필요하지만 지금은 방기하고 있다. 앞으로 분배관리 책임제로 전환하면 자연스럽게 해결이 될 것이다. 집단농장이라는 것을 운영하면서 인력관리에 대한 여러 가지 생각을 하게 된다.

나는 되도록이면 아침 일찍부터 농장점검을 하고 같이 일을 한다. 힘들지만 재밌고 행복하다. 하지만 그들에게 농사를 짓는다는 것은 고된 일이다. 직접 농사지은 채소로 점심을 먹고 소비자들이 맛있다고 하는 소리를 들으면 그들은 보람을 느끼기도 한다. 그리고 작물 상태나 변화를 보면서 신기해하기도 한다. 그들은 앞으로 일을 하면서 보람을 느끼고 농을 통한 삶의 철학, 사유체계를 배워나갈 수 있으리라는 확신이 든다. 물론 기본적으로 매출이 늘어나면 그런 기쁨을 가질 수 있는 폭이 넓어질 것이다. 농을 한다는 것은 바로 그런 매력이 있는 것이다. 나 또한 그러하다. 머릿속으로만 알았던 농사일을 직접 하면서 조금씩 배워나간다. 작물들이 어디가 아픈지 무엇을 필요로 하는지 더욱 세심한 관찰을 필요로 한다. 아직까지 심는 방법도 제대로 몰라 배우면서 일을 해나가지만 1년 농사 뒤에는 많이 달라져 있을 것이라는 확신을 한다. 해충방지를 위한 이론들을 알기도 하지만 아직 알려지지 않은 방법도 실험을 해보기로 했다. 지금은 많은 방법에 대해 그대로 따라한다. 교과서대로 해보는 것이며, 그 뒤에 응용을 해볼 수 있을게다. 모델 창출과 사업의 정확한 근거, 전망 등 농촌 농업 문제와 맞물린 광역단위 기획정책까지 책임감이 요구되는 일들이 맡겨지고 있지만 나는 흔쾌하게 받아들인다. 어차피 내가 하는 일은 내 사업 단위에서만의 일은 아니기 때문이다. 그럼에도 불구하고 내 농장을 잘 경영하는 것이 우선이다. 내 땅과 작물에 대해서 잘 알아야 하고 어찌되었든 생산단가 대비 이윤창출을 위한 기획과 실행 그리고 예산확보를 위해 관과의 관계 등 어느 하나 소홀히 할 수 없는 일들이 놓여 있지만 땅과 작물을 통해 생각으로만 머물렀던 일들의 실체를 파악하면서 자연과 교감을 더욱 밀착시키는 즐거움들이 공존한다.

가난한 사람들이 모여 어떻게 해서든 자립할 수 있는 근거를 만드는 일. 애초에 한계가 있는 조건에서 출발한 일에 대해 해결책을 만들어내야 하는 상황들. 한편으로는 일에 쫓기지만 한편으로는 여유롭다. 쌓여있는 일에 대해 하나하나 매듭을 풀어나가는 차분함을 땅으로부터 작물로부터 아니 자연으로부터 배워나가기 때문이다.

나는 구멍을 파고 물을 주는 팀원, 모종을 꺼내는 팀원, 심고 있는 팀원.
분업을 통해 그러나 교대로 배추를 심고 있다.

영농 4주째, '작물을 사람 대하듯이 하라'

"도대체 이런 지경으로 놓아두고… 맘이 아프지 않아?"
지난 월요일 나는 한 움큼의 가슴 아픈 눈물을 쏟아 내렸다. 농사짓는 것이 걱정이 돼서 농장을 둘러보던 친구가 토마토 하우스에 들어가더니 절규에 가까운 소리를 내고 있었다. 관수시설은 차일피일 미뤄놓은 채, 자문 선생은 가스피해라 주장하고 작업반장은 물 부족이라고 엇갈린 진단을 내렸는데 작업반장 의견을 따라 날마다 물을 주고 있던 터였다. "5센티 깊이를 파보면 수분함량을 알 수 있어." 그 말을 듣고 나는 날마다 땅을 파보면서 '이 정도면 괜찮겠지'라고 생각하고 지나쳤다. 그러나 토마토 묘들 절반 이상이 성장을 멈춘 듯 시들해 있는 것에 대한 의문은 계속되었다.
그 날 아침 하우스 점검을 하면서 '아뿔싸'하고 자박할 수밖에 없었다. 하우스 창 가까이 있는 묘들은 튼실하게 잘 자라고 있었던 것을 간과하였던 것이다. 그 날 새삼스럽게 확대되어 내 눈에 들어왔다. '물을 주고 가시죠'라는 친구 말에 '내일 아침에 와서 줄게요'하고 부랴부랴 서둘러 퇴근하는 팀원들을 멍하게 바라보던 나와 친구는 토마토 하우스에 들어가 물을 주기 시작했다. 자문 선생이 둑을 만들어 토마토 묘를 심도록 한 터였기에―내가 영농책임자가 되기 전에 벌어진 일이었다—두둑 높이가 한 뼘 이상이나 되고 점질이 있는 흙이라 물이 깊이 배어들지도 않을 뿐더러 팀원들은 건성으로 스치듯 물을 주고 있었다.

묘목 아래 두둑의 땅을 파니 아니나 다를까 수분함량이 거의 없었다. 심지어 바짝 마른 흙들이 스르르 무너져 내렸다. 토마토 묘는 뿌리를 내리지 못한 채 수분만을 애타게 찾고 있었다는 것을 알 수 있었다. 그와 나는 호스를 연결하여 두둑을 손으로 파가면서 이랑에는 두둑을 사이사이 만들어 물을 가득 채우면서 한 그루 한 그루에 물을 주었다.

둘이서 흙 가득한 손으로 옷에는 흙탕물이 튀어 오르면서도 계속 해나갔다. 나는 가슴이 메어지듯 아파왔다. 3주 동안 표면에 찔끔거리는 물만 있을 뿐 뿌리가 흡수해야 하는 물이 없어 죽어가고 있는 상황, 죽어가면서 물 한 모금 달라고 말도 하지 못하는 식물. 그렇게 지나치고 있었음을 뒤늦게 통곡하며 구덩이를 파서 물을 주었다.

물은 땅 깊이 충분히 스며들도록 주어야 한다.
겉으로는 알 수 없으므로 손으로 흙을 파봐야 한다.

그 날 나는 죽비로 내 자신을 후려치고 있었다. 관찰이라는 것이 그러했다. 날마다 아침 일찍 하우스와 노지에 있는 작물 하나하나 세심히 관찰한다는 것이 팀원들이 대충대충 물을 주듯이 나 또한 겉핥기 식이었던 것이다. 다음날 충분한 물을 밤새 먹은 토마토 묘목들은 조금 활기를 찾은 듯 보였다. 그리고 나는 토마토 하우스로 팀원들을 모두 불러 모아 그 전까지 어떤 문제가 있었고 앞으로 어떻게 할 것인지를 세세히 설명해 주었다. 그 날 아침까지 내 가슴은 물에 닿은 상처처럼 쓰리고 있었다.

"내일 아침에 팀원들에게 벌레를 잡도록 하세요." 자문 선생이 고추밭을 보고 간 뒤 전화를 했다. 하던 업무를 멈추고 농장에 달려가 고추밭 모들을 살펴보았다. 진딧물이 새순에 다닥다닥 붙어 있었다. 진딧물이 고추새순에 붙어 있으면 성장이 어렵다. 거의 모든 고추에 진딧물이 가득했다. 밭 주변 나무들을 보니 진딧물 창고였다. 진딧물을 잡는다 해도 일주일 뒤면 또 가득해질 것이다. 건조하면 건조할수록 그럴 것이다.

비가 온 다음날 주위 농사를 짓는 농부들은 농약으로 방제를 하였다. 우리는 아무런 일도 하지 않았다. 진딧물 처방에 대해 자문 선생과 의견이 엇갈렸다. 그것만이 아니라 실제 하우스 방제에 대한 의견도 엇갈렸다. 자문 선생은 일단 벌레들은 나무젓가락으로 잡아내고 목초액과 액비로 방제해야한다고 하고, 나는 주위 자연농업 농민들의 자문으로 다른 천연방제를 써야 한다고 주장했다. 다양한 처방이 있을 수 있으니 문제는 되지 않는다. 그러나 하우스에 대한 처방은 내 의견과 대립하는 것이었다. 자문 선생은 하우스 작물을 다 엎어야 한다고 하고 나는 천연농약을 써야 한다고 했다. 진딧물이 많다고 다른 방법을 모색하지 않고 뒤엎는다면 농사 초보꾼들은 학습할 기회를 잃어버리기 때문이다.

"벌레와의 전쟁은 별거 아니다. 문제는 균과의 전쟁이다." 이 말이 이제 서서히 실감나기 시작했다. 벌레는 상품 가치와 수확량을 떨어뜨릴 뿐 맛에는 크게 영향을 끼치지 않지만, 균은 작물을 죽게 한다. 인간의 생명이 그러하듯이.

자문 선생과 진단에 대한 충돌이 시작되었다. 귀농운동본부에서 추천한 텃밭형 자문은 '우리 방식에는 도움이 안 된다' 반대하는 입장이지만 이미 내가 오기 전에 자문으로 계약이 되었던 터였다. 토마토 문제에 대해서도 자문 선생은 가스피해라고 계속 주장했고 우리는 물 부족 문제가 우선이라고 했다. 물 부족 문제를 해결하고 나니 싱싱해

점적 호스가 깔려 있는 토마토 하우스에는 짚을 깔아 물이 증발하는 것도 막고, 잡초도 자라지 못하게 했다.

졌던 것을 보면서도 자문 선생은 가스피해를 고집하는 바람에 일단 해결된 문제니 내 주장을 포기했다.

금요일 저녁 나는 그와 함께 몇 가지 문제를 얘기하면서 일단 그의 진단과 처방에 따르기로 약속했다. 왜냐하면 나는 농사를 지어보지 못했기에 계속 주장만 하면서 그를 설복시키기 어려웠고 한편으로 그는 농사자문으로 계약된 터였기 때문이다. 물론 그를 전적으로 신뢰하지 못하는 것은 아니다. 단지 그의 자문은 주말농장에 익숙한 농사법이고 우리의 농사는 이익을 최대한 내야 하는 농사이기 때문이다. 그도 그것을 이해하고 있지만 그의 방식은 몇 백 평 정도의 수공업적 방식에 의존하고 있다. 사람들이 많다는 이유로.

어찌 되었든 진단과 처방은 그의 책임으로 하고 그의 조치에 따르기로 했지만 나는 그 과정에서 내 방식의 배움과 실험을 하지 않으면 안 된다는 생각을 한다. 왜냐하면 나 혼자의 문제가 아닌 우리 영농사업단의 팀원들과 앞날을 관할하고 있는 내 역할이 있기 때문에 그렇게 처리할 수밖에 없었다.

올해는 땅 만들기에 집중해야 한다는 그의 말은 맞지만 땅 만들기는 1년에 되지 않는다. 적어도 3년이 필요하다. 지금부터 모든 자재를 만들어 써야 하고 그 자재로 땅을 만들려면 3년이 필요하고 그 기간에 감수해야 한다 하더라도 최소한의 이익은 내야 한다. 그런 면에서 다품종 소량방식을 취한 전임자나 자문 선생의 기획은 잘못되었다. 유기재배 첫 해에는 쉬운 작물부터 해야 했다. 돈이 되지 않는다고 하지만 실제 다품종 소량 생산에 오히려 돈과 인력이 더 투자된다. 과채의 경우 역시 이미 심어놓은 터라 어쩔 수 없이 진행을 하고 있지만 그것을 위한 설비비용 역시 만만치 않다. 또 인력이 많다고 하지만 수공업적 방식으로 해서는 영농을 배우는데 미진하다. 일일이 손으로 잡초를 뽑기보다 짚을 깔아주는 등 여러 가지 방법을 손수 해보면서 땅을 만들고 다양한 방법의 효과를 경험하는 일이 더욱 중요한 것은 분명하다.

영농 4주째, 그동안 머리로만 이해했던 농사, 이제 가슴과 냉철한 머리가 얼마나 필요한지를 차츰 알아가는 지금, 해결해야 할 일들이 쌓여 있지만 나는 즐겁고 행복하다. 때를 놓치면 한 해 농사를 망친다는 사실. 철저한 준비와 실행이 없으면 이윤창출의 길은 험하다는 사실. 그리고 영농 원년에는 특히 최대의 시간투자와 창의적 노력 없이는 농사를 제대로 할 수 없다는 것을 체득해나가고 있다. 나는 작물과 땅에 내 생활을 더욱 밀착시키기 위해 농장 주변으로 이사를 하기로 결정했다. 몇 사람들은 사생활이 없어진다고 반대하지만 그것도 내 하기 나름일 게다. 문전옥답이라고 하지 않았던가? 더욱 밀착되지 않고 친밀하지 않고 농사를 짓는다는 것은 어불성설이다. 상대방의 이름 석 자와 대충 그러하다는 것을 알아서는 그저 안면식에 불과하다. 친하다는 것은 상대방의 내면을 아는 것이다. 상대방의 내면 깊숙한 곳을 알려면 생활 속으로 들어가서 대화를 해야 한다. 그래야 서로를 이해하고 북돋아줄 수 있다. 농사를 짓는 것은 내 사랑하는 사람을 대하듯 하되, 사랑을 지속시키기 위해 서로가 무엇이 필요하며 무엇이 채워져야 하는지를 잘 파악하고 대처해나가야 한다.

비빌
언덕이 되어 줄게요

지난 주 하우스 관수시설과 과채시설을 완성하였다. 팀원들 모두 기뻐서 어쩔 줄 몰라 했다. 그동안 호스로 일일이 물을 대주곤 했던 번거로운 일들이 사라진 셈이다. 관수시설이 1차 완성되던 날, 비가 오는 저녁에 남아서 작업에 참여했던 팀원 네 사람은 이루 말할 수 없는 환희에 젖었다. 밖에는 비가 오고 하우스 관수시설을 시범 작동하는데 마치 영화 〈샤인〉의 포스터처럼 하우스 천정에서 쏟아져 내리는 물줄기를 맞고 있었다.

이 시설을 주도한 지방에서 올라온 젊은 농사꾼 친구에게 감사한다. '네 나무는 말라가는데 남의 집 관수시설을 해준다고 며칠씩 비우니…' 누가 보더라도 참으로 이해하기 어려운 일일 게다. 자기 밭 관수시설을 하다말고 우리 관수시설을 한다고 자재를 직접 가지고 올라와서 2박 3일 일정(꼬박 2박 2일)을 치루고 그는 감기를 심하게 앓고 있던 터였다. 집으로 내려간 그는 지금도 감기몸살에 앓아 누워있다. '친구 잘 못 둬서 고생만 하네요.' 옆에서 지켜보는 사람들이 그에게 말한다. '농사짓는 사람들은 직접 관수시설을 해. 누구한테 맡기지 않거든.' 팀원들에게 일일이 가르쳐 가면서 시설을 하는 그였다. 그러니 팀원들이 시설을 완성하고 난 뒤의 기쁨에는 여성들에게 엄두가 나지 않는 일을 해냈다는 자긍심도 포함되어 있었다.

팀원 중에 소아마비를 가지고 있는 아저씨는 시설 완성으로 책임이 하나 주어졌다. "형님, 이건 이렇게 하는 거예요. 앞으로 형님이 알아서 관리하세요." 나이 오십의 남성 팀원에게 '형님'하면서 지시하는 것이 어색하지 않고 다감하기만 하다. "막내는 이렇게 하고…." 33살 팀원에게 '막내'라고 부르면서 이리저리 일을 시키는 내 친구를 모든 팀원들이 즐겁게 따른다. 집으로 내려가기로 했다가 시켰던 일에 대한 걱정으로 가지 못하고 또 반나절을 보낸 그를 모든 팀원들은 진심으로 감사해하고 있었다. 그 사이에 정이 들었고, 그에 대한 신뢰도가 한없이 높아져 있었다.

자문 선생이라고 있지만 그에 대한 불신은 높아져만 갔다. 농사에 대한 태도에서 전문농사꾼인 친구와 확연히 달랐다. 전문 농사꾼인 친구는 작물에 어떤 문제점이 있으면 차분하고 다감한 태도로 그 작물의 상태와 처방을 설명해주고 직접 할 수 있도록 가르쳐 주었으며, 자신의 일이 있더라도 급박하게 처리할 일이 있으면 아낌없이 시간을 할애해주었다. 자문 선생이 소외감을 느끼지 않을 수 없었다. 나는 팀원들로부터 자문 선생의 소외감을 만회시켜줘야 한다고 생각했다. 어차피 주말 농사의 경험에 불과한 자문 선생도 이번 일로 직업 농사꾼은 자신의 태도와 어떻게 다른가를 알게 되었고 자신도 농사자문이 뻔한 과외 선생으로서는 안 된다는 사실을 느끼게 되었을 터였다.

하우스 관수와 토마토 재배 시설을 하면서 팀원들의 결속력도 한결 높아진 듯했다. 평가회의 때 역할들이 주어졌다. 첫 번째는 책임분담제로 전환하는 것. 두 번째는 공장식 노동에서 벗어나 하절기에는 노동할 수 있는 날씨 및 기온에 맞추어 효율적인 시간분배를 하는 것, 즉 오전반 오후반으로 나누어 근무하는 것. 세 번째는 사전에 각 품목 재배력에 대한 정보를 줌으로써 연구하게 하는 것. 집단농장제의 관습적인 문제를 하나씩 해결해나가는 것은 우리 영농공동체가 나아가기 위해서 반드시 거쳐야 할 과제이다.

이제 하우스 두 동에 대한 계획을 세워 내일 제시해주어야 한다. 지금은 쌈채 하우스에 넣을 자재를 직접 만들고 부엽토와 짚을 이용한 땅 만들기를 하여 섞어짓기 밭을 만들었으면 하는 생각이 든다. 쌈채 섞어짓기는 20일 주기이므로 푼돈이지만 꾸준하게 소비자를 확보할 수 있다. 그리고 하우스 한 동은 미나리처럼 어느 정도 수확량과 돈이 되는 품목을 하면 좋을 것 같다. 하지 감자가 끝나면 김장용 배추를 하기로 했다. 이번 달에는 3년의 장기계획과 그에 따른 중·단기 계획을 세워야 하고 겨울 농사에 대한 계획을 세워야 한다. 이제 내가 직접 밭 일구는 시간보다 영농공동체 관련하여 많은 것들을 기획하는 데 시간을 더 많이 내어야 한다.

3년, 자활 단위에서 겉도는 그들을 만들어내지 않으려면 가슴을 밑에 깔고, 머리와 몸은 끊임없이 움직여야 한다.

지난 목요일 저녁, 한 팀원이 나에게 확언이라도 받으려는 듯 말을 건넨다. "팀장님이 그 때 술자리에서 말씀하신 것을 잊지 않고 있어요. 비빌 언덕이 되어주겠다는 약속을…."

4월부터 12월까지 쌈채를 생산할 수 있다. 겨울에는 쉰다.
사람이 다니는 곳과 쌈채 사이에는 낙엽을 깔아주었다.
비닐하우스에 비닐을 깔고 농사를 짓는 것은
이중 비닐로 땅의 숨구멍을 완전히 틀어막는 것이며,
쌈채 맛과 품질을 떨어뜨리고
더욱이 유기재배 원칙에 어긋난다.

작물도 자신을 대하는 사람을 다 알지요

"토마토 한 단을 다 질러요?" 토마토 책임을 맡은 팀원이 묻는다. 자문 선생이 토마토 한 단의 열매를 다 없애라고 했던 모양이다. "몇 명의 자식이 있어요. 그 자식을 기를 때 모두 똑같아요?"라는 질문에 그 팀원이 말한다. "맞춤교육이네!"

작물을 재배하는데도 그러하다. 특히 우리 하우스에 있는 토마토들은 하나 같이 크기와 성장속도, 생김새가 다르다. 묘목이 달랐고, 아주심기_{온실이나 포트에서 기른 모를 밭에 정식으로 옮겨심는 일, 정식} 이후에 또 옮겨 심은 것이 있었고, 둑의 높이가 달라 수분흡수가 달랐기 때문이다. 그렇게 다른데 어떻게 천편일률적으로 할 수가 있을까? 물론 교과서에는 1화방의 열매를 따주면 영양분이 그 위로 올라간다는 말이 있다. 맞는 말이기도 하다. 하지만 어떤 것은 7~8단까지 올라갈 수 있고, 어떤 것은 3~4단도 겨우 올라가는 묘목이 있다. 다산도 있고 소산도 있다. 수확을 많이 하는 것도 중요하지만 맛을 무시할 수 없으며, 적은 양을 수확하되 고품질의 것도 생각할 수 있어야 한다.

"한 그루 한 그루 자라는 상태를 보면서 판단해요." 과채마다 다르고 품종마다 다르고 땅마다 다르고 기온마다 다르겠지만, 무엇보다도 한 그루 한 그루가 제각각 다르다. 유기재배를 하겠다는 사람들이 반드시 염두해야 할 태도가 아닌가 한다. 한 그루 한 그루에 정성을 다

한다는 것이 이러한 것이리라.

"성의라는 것 있잖아요? 그거 같이 있는 사람들은 다 알아요. 관성에 빠져 있는 사람들, 새로운 배움을 멀리 하는 사람들, 훗… 작물도 자신을 대하는 사람을 다 알지요. 정성이란 그냥 자기 입장에서 다한다고 생각하지만 아니지요. 상대방을 잘 알아가는 일에 게으르지 말아야 해요. 진단과 처방이란 그런 것인 것 같아요. 획일적일 수 없어요." 조근조근 내뱉는 내 말에 귀를 기울이고 있는 토마토 책임자로 선정된 그녀의 모습이 자못 진지하다. 요즘 토마토 책임을 맡은 그녀의 얼굴이 자주 떠오른다. 책임을 맡기 전에는 그녀의 장점을 보지 못했다. 그녀는 작물에 대해 배움과 정성이 하루가 다르게 새로워지고 있기 때문이다.

"오늘 다 팔았어요." 전화로 전해오는 소리. 어제 아침 농장에 갔다가 부랴부랴 포천으로 향하고, 오늘은 수원으로 향하느라 이틀째 농장을 비우고 있는 지금, 난 농장 일이 그리 걱정이 되지 않는다. 팀원들 모두 책임을 가지고 정성을 다하고 있으며 우리 모두 초보니까, 나아지는 것밖에 없을 터이니까.

네 몸이 이러면 어쩔래?

 이틀 동안 농장을 비우고 난 다음날 아침 농장을 돌아보고 난 뒤, 하루에 두 시간씩 자문을 하러 오는 사람에 대해 더 이상 미룰 수 없는 판단을 내려야겠다고 생각했다. 그전에도 일이 발생했지만 서로 배우는 기회가 되리라 생각했건만.
 "이게 무슨 병인지… 어떤 처방을 내려야 할지… 당신 몸이라면 이렇게 놓아둘 건가요?" 이른바 배꼽 썩음병이다. 2주 전부터 보이던 증상이 하우스 위쪽 토마토에 번지고 있었다.
 2주 전 감자에 번지는 역병 때문에 식물생리학, 병리학부터 원예학, 작물별 시적 등 관계된 몇 권의 책을 사놓고 틈틈이 현장에 있는 식물들의 상태를 비교하면서 확인하고 있었다.
 내가 오기 전에 선임된 사람인지라 존중하기로 했지만 이 사람은 진단과 처방에 대해 자문의 역할을 방기할 뿐만 아니라 학습 열의조차도 보이지 않았다. 그의 주말농장식 경험만이 최선이라고 생각하는 듯하다. "병충해가 오면 모두 뒤엎어요." 나는 이 말에 아연질색이다. 주말농장이야 그렇겠지. 상품으로 내놓아서 생계를 유지하는 것이 아니니까. 설혹 그렇다고 치자. 농사를 하면서 다양한 농사 방법이 있을진대 학습을 위해서라도 왜 여러 실험을 할 생각을 안 할까?

미네랄 부족으로 잎이 마르자 긴급하게 천연자재를 사다가 썼다. 그는 "난 반대예요, 미생물도 영양제 같은 것도. 그건 자재 팔아먹는 사람들 좋은 일이예요"라고 한다. 그렇다면 미생물 제재나 영양제 만드는 방법을 알려주어야 할 것이 아닌가.

줄기에는 오돌토돌한 병균이 올라 피부 알러지처럼 가득하다. "언제 사다 하자고 했어요? 우리가 직접 만들어서 하자고 했고, 적기에 방제를 해야 한다고 했지요. 맨날 목초액만 뿌려요? 병 걸리면 병에 맞는 처방을 해야지요." 목초액은 주로 예방제로 쓴다. 치료약으로 쓰이기도 하지만 방균제 또는 냄새로 인한 기피제로 쓰인다.

그와는 관점이 다르다. 나는 땅을 실하게 만들면서도 우리와 같은 입장에서는 수익을 고려해야 하므로 땅이 준비되지 않은 한, 인위적 영양제나 충균방제 등을 철저히 해야 한다고 생각한다. 나는 이상과 현실을 병행하는 입장이며, 그는 병든 사람을 보고 치료할 생각은 안 하고 건강을 지키지 않아서 그러다는 식으로 땅 탓만 하고 있다.

그래도 이 분 의사를 존중하려고 팀원들한테도 지시에 따르라고 권했지만, 이제는 내가 따를 수 없다. 왜냐하면 그의 의사를 따르면서 수확기에 접어드는 모든 작물들은 병들어 가고 있기 때문이다.

"농사의 매력은 다양한 자재를 만들어 쓰고 응용하는 보람도 있지요. 그냥 알고 있는 농업으로만 하고 있으면 농사 망치는 허망밖에 없다고 봐요. 과거에는 기후와 주변의 땅, 공기 등 모든 여건이 되었으니까요. 하지만 지금은 그렇지 않아요. 자연스럽게 하기 위해 조건을 만들어 줘야 한다고 봐요."

처음으로 내가 그와 설전을 벌였다. 식물 농사 기술부터 사람 농사에 이르기까지…. 그는 결국 내 처방에 따르기로 했다. 배꼽 썩음병의 원인이 칼슘 부족이므로 늦었지만 잎에 뿌려서라도 처치하기로.

그날 저녁 직접 만들어 놓은 것을 칼슘과 아미노산, 미나리 효소를 희석해서 잎에 뿌렸다.

진딧물이 잎에 가득한데 비가 오면 씻겨 내려간다고 이 양반의 자문으로 진딧물 방제를 설탕물로 했었다. 코팅법이었다. 이번에는 진딧물 방제만이 아니라 다른 것으로 해보고 싶다는 생각이 든다. 그리고 장마 대비도 해야 하니 과수에서 주로 사용하는 석회보르도액으로 해보자고 권유했다. 자문 선생은 또 반대한다. 반대의 이유를 캐묻다보니 석회보르도라는 것이 무엇인지 모른다.

감자 둘레 썩음병은 씨감자를 심을 때 소독을 하지 않아서 일어난 현상이다. 나는 이 병 이름 찾느라고 반나절 책을 뒤적였다. 그리고 자문 선생한테 전화 걸어 이런저런 병이 있고 처방이란 이런저런 것이라고 얘기했다. 누가 자문 역할을 하는 것인지… 그래도 위안한다. 그 덕에 내가 아주 열심히 공부하고 있으니까.

수확 시기를 앞당기는 방법 말고는, 처방이란 진딧물이 덜 꾀는 방향으로 갈 수밖에. 이제 감자도 수확할 시기가 되었다. 하지만 아직 감자 당도가 부족하다. 월요일에는 표본을 캐어봐서 수확 시기를 결정해야겠다.

그래도 우리 팀원들, 땅을 제대로 만들기에 돌입하면서 부엽토를 긁어모으러 둘레 산으로 달려가고. 모두 힘겨운 농사 초보자들이지만 열심히 한다. 초보 농사꾼 팀장의 말 "이제부터 모델을 만듭시다. 서둘지 말고 해나가지요." 팀원들 모두 "그래요. 힘들지만 우리끼리 잘 해나갈 수 있어요."

 낙엽도 모으라고 했더니 잊지 않고 가져오고, 좋은 상태의 부엽토를 긁어온 날. 땅 냄새를 맡으며 하우스에서 밭 만드는데 신이 났다. 팀원들의 열정으로 가까운 농장에서 포대자루를 공짜로 한 아름 얻어오는 수확도 있었다. 내일부터 2교대가 시작된다. 아침반은 7시부터 출근하고 오후반은 8시에 퇴근한다. 내가 7시까지 가려면 6시에 집을 나서야 한다. 하지만 이것도 일주일만 하면 된다. 마침내 농장 옆으로 이사를 가기 때문이다.

산에서 부엽토를 긁고 있는 팀원. 부엽토는 퇴비발효에 좋은 천연자재이다.

첫 수확, 카타르시스

지난주 이래저래 감자 캐기를 미루다가 장마. 이사하면서도 감자 걱정, 피곤과 걱정에 찌들다 마침내 화요일에 강행. "하느님, 오늘 하루만이라도 햇빛이 쨍쨍하게 해주세요." 수시로 날씨변동을 체크하면서 부지런히 몸을 움직였다.

하늘과 땅을 섬기며 농사를 짓는 것. '신이여 도와주소서.' 간절하게 신을 찾아본 적도 없었다. 그래서 농사를 짓는 사람들 가운데 하느님을 찾는 기독교 신자가 많은지도 모르겠다.

500평, 걱정했던 것보다 감자가 실하게 달렸다. 캐는 사람, 나르는 사람, 말린 것 선별하는 사람, 무게 재는 사람, 포장하는 사람. 수확의 몸놀림이 예사롭지 않다.

나중에 알고 보니 소독도 제대로 안 한데다가 배수로도 제대로 만들지 않고 심은 씨감자, 배수로 확보한다고 세 줄에 한 줄은 캐어 버리고, 2차 북흙으로 식물의 뿌리를 덮어주는 일을 주어야 하는데 북을 줄 흙이 없어 그냥 1차 북으로 그쳤던 초보자들의 강심장.

이틀 동안 내린 장맛비는 감자의 알몸을 땅 위로 드러나게 하였고, 캐어보니 큰 놈들부터 아주 작은 놈들까지 주렁주렁. 땅은 아낌없이 초보자들에게 수확의 기쁨을 주었다.

지금까지 5분의 1정도 캐지 못하고 남아 있는 것을 빼고 1,200kg을 수확했고, 상등품으로 600kg. 반 탕은 한 셈이다. 상등품 10kg 10,000원, 중등품 8,000원, 하품 및 조림용품 5~6,000원. 감자 가격이 떨어졌지만 무농약, 무화학비료, 무제초제 '3무농법'을 걸고 가격을 정했다. 즉각적인 분류작업도 그리 만만치 않았다. 상자 포장재도 멋지게 제작하려다가 1년 사업비 초과, 공장에서 인쇄 없는 상자 가져다 쓰려고 했다가 수확 일정을 앞당기는 바람에 중고 상자 400원짜리를 사다가 포장하고. 포장은 귤, 속은 감자. 캐는 날 포장, 바로 배달. 직거래라 그런지 소비자들이 상자에는 신경 안 쓴다고 하지만 내심 흔쾌하지 못하고. 생협에서 직거래 한답시고 포장에 소홀한 것을 질타했었는데 내가 이럴 줄이야.

저울도 채소용, 10kg 이상을 달지 못하고. 그래도 일은 착착. 이틀 만에 그날 수확한 감자를 거의 팔고, 중짜리 6상자만 남았다. 인증 없는 3무 감자, 먹어본 사람들 다시 달라고 하는데. 오늘 계산기 두들겨 보니 "종자값, 자재값 빼니 3개월 한 사람 인건비도 못 건졌네…."

그래도 판매를 무사히 마치고. 토마토 하우스 360주 첫 화방, 첫 수확을 코앞에 두고 먹어보니 "와~ 마실 토마토보다 맛있다!" 모두 탄성을 지르고.(마실 토마토는 선진농장 견학을 다녀온 곳 브랜드이다.)

칼슘, 아미노산 영양제를 700:1로 희석해서 잎에 뿌리라고 했는데 어떻게 들었는지 거의 50:1로 희석하는 바람에 농도 장애를 일으키게 한 팀원. 맛을 보더니 "농도 장애가 이렇게 맛있게 한 거 아닐까요?" 농담도 던져본다.

소량에다가 배꼽이 썩어 있기까지, 판매할 수 있는 양이 더욱 줄었는데도 맛은 좋아 1kg에 2,000원으로 가격 정해놓고(허기사 3~4화방

토마토도 그 맛을 가질 수 있을지는 모르겠지만) 첫 토마토 농사, 빨갛게 익은 토마토를 따보니 5개. 팀원들에게 쪼개어 먹으라고 주었다.

수확할 때 얻는 카타르시스, 그 기쁨으로 뙤약볕 아래 힘겨운 노동을 견딜 수 있나보다.

감자를 캐고 난 뒤 3시간 정도 햇볕에 말려 선별 포장을 한다.
상자는 중고를 사다 썼다.
어차피 얼굴을 아는 농장 둘레의 사람들에게 판매되므로
좋은 포장재를 할 이유가 없었다.

가슴이 휑하오

 아침 햇살이 눈꺼풀을 건드리던 날이 여기에 오고나서 거의 없었던 것 같다. 휴대폰을 들고 131을 눌렀다. '맑은 날씨, 최고온도 30도'라고 한다.
 석회보르도액을 고추에 뿌려야 하고, 하우스에 벌레 방제를 해야 한다는 생각에 서둘러 농장으로 발걸음을 재촉하였다. 아침 일찍 출근한 일부 팀원들은 쌈채를 뜯어다 포장하고 있었다.
 아침 판매를 할 참이었다. 방제에 대한 지시를 하고 나는 두 사람과 쌈채 세 바구니를 트럭에 싣고 판매에 나섰다. 몇 군데를 돌면서 장사를 했고 30분 만에 십 여 만원을 벌었다. 순식간에 판매가 이루어지니 모두 즐거워한다. 운전대를 운전담당자에게 맡기려고 했는데 이들이 굳이 나와 함께 가서 팔아야 잘 팔 수 있다고 고집하는 바람에 어쩔 수 없이 나섰던 터였다. 배추 잎사귀 세면서 즐거워하는 그녀들을 바라보는 내가 더 즐거웠다.
 한 사람은 하우스 방제, 두 사람은 고추밭 방제, 세 사람은 퇴비장 이동, 한 사람은 무성한 잡초 베기, 한 사람은 점심 준비. 오랜만의 맑은 날씨는 모든 팀원들에게 힘겨운 노동을 강요하게 되었다.
 오늘은 농장에 집 하나가 더 생기는 날이다. 컨테이너가 들어오기 때문에 컨테이너 자리를 삽으로 평평하게 골라야 한다. 교육준비에 전화 통화하고 컨테이너 관련 전화통화, 팀원들 작업지시 그리고 같이 퇴비장 이동, 땀은 흐르고 허리는 끊어질 것 같다. 삽질과 동차운전. 고추밭에서 분무기를 어깨에 메고 석회보르드액을 뿌리고 있는 두 사람. 그들의 어깨무게가 느껴지면서 부지런히 몸을 놀린다.

점심에 이르고 가지 몇 개 따서 재빠르게 반찬 하나 만들어 놓고 나와서 또 삽질을 한다. 아직도 근력이 붙지 않은 몸을 태양볕 아래 움직이고. 마셔대는 물의 양만큼 비지땀은 온 몸을 적신다. 더구나 오늘 오후 두시 반에는 반장 리더쉽 교육 수료식에 참가해야 한다. 팀장으로서 축하를 해주러 가는 일이 오늘은 반갑지는 않다. 팀원들 모두 비지땀을 흘리며 힘겨운 노동을 하고 있기 때문이다. 한 친구는 이미 더위를 먹어서 두통에 시달리고 있었다.

세 시에는 컨테이너가 들어온다. 수송임무를 두 팀원에게 맡기고 황급히 빠져 나왔다. 세수라도 하고 가라고 팀원들은 종용하고 땀을 씻어내고 걷어올린 바지를 내리라는 끝소리까지 들으면서 수원으로 향했다.

에어컨이 나오는 리더쉽학교 졸업식장. 꽃다발과 웃음들. 전화벨이 계속 울린다. 컨테이너 수송에 관한 것들이다. 졸업식이 끝나고 축하 저녁식사를 하는 것도 농장에서 진행하고 있는 일을 생각하면 마다하고 오고 싶었다. 하지만 반장님의 환한 웃음이 있는데 같이 저녁을 먹으면서 기쁨을 나눠야 했다. 가슴 한 구석에는 농장에서 끙끙대고 있는 이들에 대한 안쓰러움이 계속된다.

두 사람을 태우고 돌아오는 길, 그들이 귀가하기에 편한 장소에 내려주고 사무실에 가서 트럭으로 바꿔 타고 농장으로 황망히 달려왔다.

주차하기 전 10미터 앞에 회색 컨테이너가 어둠 속에서 환하게 드러나 있었다. 컨테이너를 열어보고 주변을 둘러보면서 '아… 미안하네. 얼마나 힘들었을까.' 컨테이너 수송을 맡은 전문기사가 있었지만 컨테이너를 이리저리 자리맞춤하려고 온 힘을 다했을 게다.

잡초가 듬성듬성 우거진 감자밭. 바람결이 살갗을 시원하게 한다. 하우스를 둘러보고 어두컴컴한 고추밭에 가서 보르도액 분사잔재를 가까이 다가가서 확인하고 내려온다. 습도조절이 중요하다는 내 말을 팀원들은 잊지 않았는지, 밭을 망치고 있던 동네 개들이 들어가지 못할 간격으로 하우스 문을 열어놓았다.

감자밭에 뿌려진 거름(축분) 냄새가 바람에 날려 다닌다. 지나가는 사람들한테야 구린 냄새이지만 나에게는 향기로운 냄새이다. 잘 발효되어 미생물이 가득 피워지고 지렁이들이 가득한 거름을 보면서 즐거워하는 우리 팀원들, 정말 농사꾼이 되어가는 모습들이 눈에 선하다.

컨테이너 주변을 서성거리다가 발길을 집으로 옮기면서 몇 사람에게 전화를 했다.

"얼마나 고생했노! 힘들었지?"

"정말 힘들었어요."

힘들다는 말을 잘 안하던 그녀의 입에서 서슴없이 힘들었다는 말이 나온다. 미안함이 더 크게 밀려온다.

"이런 날 소주 한 잔 해야 하는데… 미안해."

"그러게 말이에요."

또 다른 친구에게 전화를 걸었다.

"머리가 너무 아파서 누웠어."

더위를 먹은 그녀다. 앓아누웠다.
"그래, 쉬어. 아프면 전화해, 달려갈게."
"그래, 들어가. 내일 봐."
동갑내기 팀원이다. 앓고 있는 그녀의 목소리에 난 어쩔 줄 모른다. 내일은 어떤 것을 챙겨서 그녀에게 주어야 할지 잠시 생각한다. '그래 홍삼 남은 것이 있지. 그것을 갖다 줘야겠다.'
여성 가장이 되어 어렵게 생계를 이어 나가는 이들. 책임질 자식이 있는 것도 아니고 빚더미 가득한 남편이 없는 내가 그녀들이 보기에는 분명히 행복하다. 그렇다, 지금은 그들보다 내가 얼마나 홀가분한가? 고된 노동이 끝나고 집에 돌아가도 아이들을 챙겨줘야 하고 병든 남편 시중들어야 하는 그녀들. 사람들이 좀처럼 오려고 하지 않는 농사에 얼떨결에 모여들어 소처럼 일하는 그녀들.
오늘 밤, 나는 그녀들의 선연한 모습에 가슴이 무너지고 있었다.

윗밭에서 일을 마치고 아래밭으로 내려간다.
오후 햇살이 그녀들의 등을 비추고 있다.
도시 한가운데서 농사를 한다는 것.
도시사람들에게는 우리가 희한하게 보일 뿐이다.

전쟁 같은 하루

 팀원들의 여름휴가 일정이 내일부터 시작이다. 팀원들 각각 알아서 정하라고 해놓았더니 자재담당 그녀가 내일부터 휴가라고 한다. 일당제로 계산해서 급여가 나가는 탓에 휴가비를 주지 못한다. "휴가비 없어요?"라는 말에 토마토 2,700g을 싸서 준다. 미안하기 그지없다. 현물로 휴가비를 준 셈이지만 겨우 5,000원이다.
 오후 8시. 고추방제를 끝내고 생활동으로 돌아온 오후반원들은 서둘러 퇴근준비를 한다. 원두막에 모여 있는 그녀들은 보따리를 각자 챙기고 있었다. 그녀들에게 나누어준 텃밭 수확물이 담긴 보따리가 터질 듯이 놓여있다.
 "이것 봐유!" 노랗게 익은 참외를 한보따리 따서 윗밭에서 내려온 팀원이 나에게 뛰어온다. 얼른 달려가 그녀의 보따리 하나를 건네받으며 탄성을 지른다. "정말 크네! 잘 익었다! 기가 막히다!" 연발의 탄성.
 퇴근시간. 오두막에 모인 팀원들, 농장을 떠나는 그녀들을 일일이 배웅한다. 손을 흔들고 사라질 때까지 지켜본다. 덩그러니 혼자 남아 정리 정돈을 한다. 요즘은 그녀들에게 뒷정리가 안 되는 것을 지적하지 않는다. 땀에 젖은 작업복을 빨리 갈아입고 싶은 것이 아니겠는가?

그리고 빨리 집에 돌아가서 샤워라도 하고 싶지 않을까. 내가 퇴근 시간에 같이 있는 한 뒷정리는 내 몫으로 자연스럽게 받아들인다.

원두막 옆 호박잎 위에 아이스크림 포장지와 주변 쓰레기를 줍는다. 수조에 물이 찼는지 확인하고 벌레 기피제를 뿌려놓은 하우스 안을 들여다본다. 열무와 얼갈이 하우스는 지난 작물과는 달리 아주 생생하고 실하게 커나간다. 이번부터는 전적으로 내 방식으로 방제를 하고 있다. 떡잎이 나오기 시작하면서 벌레 기피제를 뿌리고 지난주 배추 청벌레 성충이 발견되어 천연살충제를 뿌렸다. 어느 정도 잡혔지만 오늘 아침 잡초를 뽑으면서 보니 그 때 죽지 않은 벌레들이 두 배는 커져 있었고, 나방들이 수천마리의 알을 까놓아 유충들이 자주 눈에 띄었다. 판매를 앞두고 바짝 신경을 써야 한다. 벌써부터 열무 달라고 아우성인지라 이번 주를 잘 넘기면 정말 실한 잎사귀를 가진 열무를 판매할 수 있기 때문이다.

자재창고 문을 닫고 생활동에 들어와 흐트러진 것들을 정리 정돈한다. 내일 아침에 판매할 토마토를 박스에 담아놓고 여기저기 흩어진 물병과 컵들을 정리하고 앉아 담배 한 대 문다.

오늘따라 쓸쓸하다. 전쟁 같은 하루, 내가 요즘 사람들에게 내 일상을 두고 하는 말이다. 정말 전쟁 같은 하루를 보낸다. 물론 여기서 전쟁이라 함은 긴장의 연속으로 인한 불안을 의미하는 것이 아니라 정신없이 바쁘게 보낸 일상을 의미한다.

아침 7시. 월요일은 주례회의를 시작으로 연다. 월요일을 빼고는 그날 일을 알아서 각자 한다. 오늘은 하우스 잡초를 뽑으면서 열무, 얼갈이, 배추 상태를 점검하였다. 땀은 이미 온 몸을 적셨다. 시계를 보니 벌써 9시다.
 트럭을 몰고 사무실로 간다. 사무실 사람들은 때 이르게 나타난 나를 보고 의아스럽게 인사한다. 평소에는 오후 또는 11시경에 나타나기 때문이다. 농사꾼의 모습을 이제는 자연스럽게 받아들인다. 농장에서만 일하는 것이 아니기 때문에 아침에 입고 나오면 작업을 하든 사무실이든 모처에 방문을 하든 바지와 신발에 흙을 묻힌 채 밀짚모자를 쓰고 돌아다닌다. 양 손에 수확물을 가득 들고 나타나는 나는 완연한 농사꾼에다 장사꾼이다.
 오늘 오전만큼은 이번 금요일 서울에서 의뢰받은 강의를 준비하려고 서둘러 사무실에 들어선 것이다. 내 책상에는 온갖 서류들이 놓여있다. 자리가 없어 뒷면 책장과 옆 의자 여기저기 흩어져 있다. 컴퓨터 앞에 앉아서 몇 가지 일을 동시에 한다. 전화가 오면 귀와 어깨에 수화기를 대고 두 손은 자판기를 두들기고 어떤 때는 자료를 보면서 한 손은 메모를 하고… 멀티 플레이를 한다. 팀원 한 명이 입원을 했다고 알려왔다. 어제 동사무소에 같이 가서 병가신청을 내고 왔는데 오늘 갑자기 입원이라? 병실호수를 적어놓으며 회의 끝나고 들르겠다고 말했다.
 어느덧 12시. 팀원들과 월례회의를 하기로 한 날이다. 회의 자료는 어제 준비해놓았다. 에어컨 나오는 식당에서 점심을 먹으면서 하자고 했기에 그 장소로 찾아 나섰다. 12시에 끝나는 오전반은 와 있었다. 밥을 먹으면서 잡담을 한다.
 "팀장님. 이거 다 농약 덩어리죠?"
 "그 고기도 항생제와 성장호르몬 덩어리인데…."
 "어메, 그럼 국물만 먹어야지."

"뼈는 무사할 거라고 생각해?"
식당에 나온 모든 음식 재료가 잡담의 도마 위에 올려진다.
두 시간에 걸쳐 식사와 회의가 끝났다. 다음 월례회의부터는 각 담당자가 보고, 평가, 계획을 준비해오라고 했고, 8월 김장배추를 심을 모판흙상토 만들기, 씨뿌리기, 섞어짓기 등에 대해서 반장과 자재담당이 자세한 실행 계획을 세우라고 했다. 열띤 토론… 머리에 쥐난다고 시키는 일만 했으면 좋겠다는 팀원도 있다. 그러나 내가 응해줄 리가 없다. 자문진 명단도 있으니 직접 자문을 구하라고까지 했다. 모두 고개를 설레설레 흔든다. 그들은 사회활동 관련해서 자신들의 인맥이 거의 없다. 이곳에 오는 사람들 대부분이 혈연과 지연이 있을 뿐이다. 혈연도 때로는 직계 말고는 끊고 지내는 경우도 있다. 지연이라고 해봐야 동네 아줌마들이다. 인맥 찾기를 부정한다 하여도 이 사회에서는 필요악이다. 그들이 생존하기 위하여 스스로 인맥을 만들 줄 알아야 한다.

회의가 끝나고 병문안을 갔다. 남의 시선에 복잡한 심경을 가지고 있는 그녀라 신경성 위장장애까지 겹친 것 같았다. 누워있는 그녀에게 뭐라고 했다. 그녀에게 가기 전에 다른 팀원이 그녀에 대한 이야기를 건네준다.

"그 언니는 교회 봉사활동은 열심히 하면서 생계를 위한 일은 맨날 꾀병이야."

"그렇게 말하지 마. 마음이 가면 아무리 힘들더라도 기쁘게 할 수 있는 거야. 그 친구야 교회활동에서 마음의 위안을 받는 건데, 그걸 뭐라 할 수 있니?"

이 친구의 병가에 대해 팀원들이 한 마디씩 불평을 했던지라 입원까지 했다는 사실을 알리지 않았고, 또한 그녀 스스로 팀원들이 어떻게 생각할 것인지까지 짐작을 하고 있는 것 같았다. 집단농장이기에 관계와 소통은 예민한 사항이다.

치료를 다 받고 난 뒤 산재를 신청한 다른 팀원을 데리고 또 다른 곳을 들락거렸다. 산재인정 절차가 워낙 복잡한지라 가벼운 사고일 때에는 대체로 포기한다. 하지만 나는 그녀에게 귀찮지만 스스로 권리를 찾는 데 익숙해야 한다고 하면서 그녀를 데리고 다닌다.

5시, 농장에 도착해 고추방제 준비를 한다. 담배나방 방제를 하기로 했는데 막상 고추밭에 갔더니 탄저병이 돌고 있었다. 지난 주 '동'이 없어 석회보르드액을 절반 정도만 했던 것이 화근이었다. 응급처치를 해야 했다. 현미식초를 가져오라고 해서 담배나방 살충액비와 함께 희석해서 뿌리기 시작했다. 동이 없어 석회보르드액을 칠 수 없기 때문이다.

고추밭 맞은편 농장의 아주머니 두 분은 방제하는 것을 보면서 신기한 듯 질문한다. "어쩜 이렇게 고추가 잘 될 수가 있어. 초보라고 하면서 잘 하네. 지금 하는 것은 뭐야?" 처음에는 훈수를 두었던 분들이 이제는 유기자재 만드는 방법에 대해서 물어온다. 이번 탄저병 확대를 막고 적당하게 수확을 한다면 그들은 친환경적인 농사를 지어보려고 할 것이다.

"지금이 문제예요."

"아냐. 이 정도는 괜찮아. 우리는 농약을 그렇게 치는 데도 한보따리 나왔어."

우리 수확을 위해서도 그렇지만 주변 농가들이 친환경재배에 뜻을 모으기 위해서도 이번 첫 농사, 첫 고추 농사를 어느 정도 성공해야 한다는 욕심까지 부려본다.

고추밭에서 아래 밭으로, 트럭 위 팀원들이 모두 타고 내려오는 짧은 5분, 오늘 일정이 끝나는 그런 날은 모두 신이 나 있다. 영락없는 농촌 아낙네들이다. 품을 팔고 오는 농촌 아낙네들의 모습이다. 어둠이 내리면 나도 그들처럼 신이 난다. 정신없이 보낸 하루, 땀범벅으로 보낸 하루. 이제 나 혼자 해야 할 일이 남아 있는 셈이다.

그들을 모두 보내고 농장에 홀로 남은 오늘, 쓸쓸함이 가슴 바닥에서 치고 올라오는 이유는 무엇일까? 쓸쓸함도 잠시뿐, 포천에서 걸려온 전화를 받다가 나중에 전화하겠다고 해놓고 잊었던 것을 기억하면서 집으로 돌아오는 길 위에서 전화를 걸었다.

"미생물 배양액이 어떻다고?"

요즘 농자재에 대한 질문을 가끔 해오는 그에게 전화해서 미안하다고 하면서 다시 묻는다.

어느덧 전화통화는 끝나고 집 근처. 돈을 어떻게 마련해서라도 포장재는 만들어야겠다는 생각, 내일 일정, 오늘 낮에 걸려온 남양주 유정란 양계농장 문제, 금요일 오전에는 정책안 미팅, 오후에는 서울 강의 내용들⋯ 계속해서 움직이는 머리.

캄캄한 길바닥에 서서 수첩을 꺼내들고 메모를 하고 있었다.

내 어설픔이라도 힘이 된다면

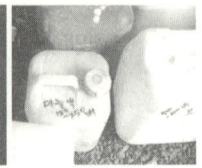

　시원한 맥주 한 잔이 마시고 싶어 친구를 만나자마자 맥주 집으로 갔다. 음식 찌꺼기 하나 남김이 없는지 뱃가죽은 달라붙고 끊어질 듯한 허리, 땅 아래로 하염없이 내려앉을 것 같은 몸을 시원한 어디엔가 앉히고 싶었고 시원한 맥주 한 잔 위에 집어넣고 싶었다.

　아침 7시부터 농장 일을 하고 8시 30분부터 예약된 열무 가지고 사무실로 직행, 누구 생일 케이크 자르는 것 보고 황급하게 나와 9시 30분 농장, 프로포절 티에프팀 미팅, 족히 2천 쪽 넘는 자료 가지고 주절주절 얘기, 토론하고 걸려오는 전화 받아가며, 팀원들에게 이것저것 요청하고 자료 농장에 쌓아놓고 오후 팀원들이 할 일을 생활동에 적어놓고 강의하러 부랴부랴 서울로 출발했다.

　영농사업을 시작한지 3개월만의 강의. 강의 제목이 도시에서 생태적으로 사는 삶에 관한 것이라 했던가? 가는 길에 오후 반원에게 고추 액비 만들 것, 고추 탄저병 긴급 방제할 것, 하우스 물주기와 방제할 것을 전화하면서 몸은 녹아내리듯 힘이 없다. 그래도 오전 모임에 반장님이 과일과 음식을 준비해 준 탓에 배고픔은 덜했다.

　아무튼 두 시간 반 걸려 서쪽 끝에서 동북쪽 끝에 도착했다. 30~50대, 40여명의 여성들이 옹기종기 모여 있었다. 헐레벌떡 강의 재료들

옆에 가져다 놓게 하고 강의는 시작되었다. 강의 준비는 실습 말고는 준비한 것이 없다. 그냥 이런저런 얘기를 하면 되겠구나 싶어 목차만 잡았고, 그들에게 필요한 것이 무엇일까 하는 정도의 감을 가지고 마이크 잡으면 알아서 나오겠지 하면서.

세 시간의 강의. 긴 시간이라 생각했지만 추측한대로 시간이 짧았다. 질병과 음식, 도시 삶에 관한 얘기를 주로 하였다. 물론 이렇게 강의하는 나도 담배와 술을 끊지 못하고 있다는 고백도 하면서. 간간히 웃음이 터져 나온다. 실습시간이 되어서는 더 정신이 없다. 지렁이가 섞인 흙에 기겁하면서도 흙의 냄새가 좋았던 탓인지 내가 준비해 온 흙을 서로 달라고 아우성이다. 야채효소도 만들었다. 사람도 먹고 식물도 먹을 수 있는 것으로 손쉽게 만들 수 있는 것을 택했다. 아무튼 주저리주저리 앉았다 섰다 돌아다니면서 칠판에 써가면서…. 이골이 날 정도로 수없이 강의를 했던 내가 실로 오랜만에 강의를 하니 어찌 신이 나지 않겠는가?

오후 9시, 친구와 맥주 한 잔 마시는데 낯선 번호 벨이 울린다.
"저 아까 강의 들었던 사람인데요."
"아, 예."
"어디세요?"
"아직 서울인데요."
"지금쯤 들어가셨구나 생각해서 전화 드렸는데."
"아, 예. 오랜만의 서울나들이에 사람 좀 보느라고요."
"아까 강의 너무 좋았어요. 사실은 저녁을 사 드리려고 했는데… 바쁘신 것 같아서."
"예…."

"전 감동 받았어요. 너무 멋있어요. 그러니까 정말 쿨해요. 언니 삼
았으면 해요."
"하하!"
갑자기 어린아이의 목소리가 들린다.
"보고 싶어요. 우리 집에 놀러오세요."
"제 아이예요. 아이가 자꾸 바꿔 달라고 해서… 저 이상하죠?"
"예? 뭐가 이상해요?"
"이렇게 무례하게 전화해서… 선생님 팬이 되었어요."
이런저런 이야기를 나누다가
"언니해도 되요?"
"몇 년 생이신데요?"
"65년생이에요."
거침없이 하지만 찔리면서
"제가 언니네요."
"다시 강의하러 와 주실 거죠?"
"훗… 부탁하면 그러지요."
"그리고 제가 가끔 힘겨울 때 전화해도 돼요? 바쁜데 귀찮으실 터인
데…."
"괜찮아요. 언제든지 하세요."
우리 팀원들처럼 그렇게 사는 사람들. 수강자가 팬이 되었다고 하
면서 전화한 내 또래의 그녀. 내가 무슨 얘기를 주저리 떠들었는지 하
나하나 기억이 나는 것은 아니지만, 그녀에게 힘이 되는 강의가 되었
나보다.
밤 11시 넘어서 농장에 도착하고, 캄캄한 농장을 둘러보는데 어디

엔가 물소리. 수조에 틀어놓은 물을 잠그지 않고 가버렸음을 알고. '아이쿠. 수조에 물 잠그고 가라고 신신당부했는데.' 세 시간이 넘게, 그러니까 5톤의 물을 버리고 있었다.

정말 피곤하기 그지없었던 하루. 그래도 짧은 세 시간 강의가 헛된 것은 아니었음에 그들이 기뻐하니 나 또한 그지없이 기뻤다.

고추와 여성의 관계는 좋을 호好

"우리 여성들이 고추들을 잘 컨트롤하고 있습죠." 내가 농담처럼 하는 말이다.

'부실한 모종을 샀구나' 했다. 앞에서 농사를 짓는 어르신들도 생장을 멈춘 듯 비실한 고추를 보고 "고추농사는 처음부터 끝까지 어려운 거야, 초보들이 하는데 이럴 수밖에 없지"하면서 혀를 차곤 했다.

고추밭이 시작되는 두둑 머리맡에 덩그러니 앉아 '왜 그럴까?' 생각하다 탁 무릎을 쳤다. 고추꽃이 피고 나서 열매를 맺을 시기에 여성들이 고추밭에 너무 들락거려서 그런 것이 틀림없다는 생각에 미치자 팀원들에게 고추밭에 너무 자주 들어가지 말라고 당부했다. 그렇게 지시하고 몇 주가 지나니 고추들이 내가 언제 비실거렸냐는 듯이 쑥쑥 자라는 것이었다.

나중에 생각해보니 6월 가뭄 때문에 성장이 더디었던 것 같다. 팀원들에게 '이제 가끔씩 들어가서 애무도 해줘라'하고, 물도 주고 가끔씩 눈맞춤도 하니 이놈의 고추들이 꽃을 피우고 새끼고추들이 재빨리 달리기 시작했다. 푸르른 잎사귀, 쭉쭉 뻗는 고추가지들.

2차 유인끈을 하고 나니 장마가 시작되었다. 고추는 쑴벅쑴벅 잘 자라고 있지만 장마 뒤 탄저병이 걱정되었다. 이전에 권고해직된 영농자문 선생이 탄저병으로 고추농사를 다 망칠 수 있으니 청고추로 팔자는 제안에 나는 동의하지 않았다.

'고추농사 망해도 좋다, 끝까지 간다.' 팀원들도 비슷한 걱정을 했지만 그 또한 단칼에 잘랐다. 고추농사는 농약 없이 안 된다는 여론에 '어디 한번 왕초보의 무식함을 보이'자는 것이었다.

'고추야! 우리 여성들이랑 잘 지내야지 너도 실해진단다. 한번 궁합을 맞춰 보자꾸나. 노력할게.'

평소에 도움을 무진장 받고 있는 농부 친구를 통해 만들어 놓은 석회보르도액을 공급받았다. 그 친구와 영암에 가서 석회보르드액을 같이 만들어 보기도 했던 터였다. 20리터 양철분무기 두 개를 뿌렸다. 여성들이 짊어지고 500평 뿌리려면 온종일 교대하면서 해야 하는데 땀으로 뒤범벅되는 것만이 아니라 어깨는 무너져 내릴 듯하다. 양철분무기로 한 번, 모터 분무기로 절반, 함께 두 번, 모두 세 번 반 정도 석회보르드액을 뿌렸다. 석회가 떨어져 절반의 밭만 하고 난 뒤, 뿌리지 못한 절반의 고추들에게 탄저균이 보였다. 더구나 담배나방으로 인한 피해가 커져나가고 있었으니 빠르게 확산되어 간 것이다. 칼슘 부족 현상도 보여서 고추꼭지가 노랗게 되기도 했다.

균 흔적이 보이는 것들을 따기 시작해서 고추밭 밖으로 빼어냈다. 동차로 두 차는 된 것 같다. 그것들은 지금 소주와 섞어 고추소주액비를 만들고 있다. 나중에 벌레 방제 및 영양제로 쓸 것이다. 그런데 소주 값이 장난이 아니다. 그거 만드는데 35도 과실주 6리터짜리 10개 모두 8만원이 들었다. 마시는 소주를 연상하면서 팀원들에게 35도 소주를 사서 부으라고 했다. 이 정도 돈이면 그냥 흑설탕 한 포대 쏟아 부을 걸 그랬나보다. 이왕 이렇게 된 것, 실험정신으로 사용해보면 그

고추 탄저균 방제를 위해 석회보르드액을 세 차례 뿌린다.
고춧대를 부러뜨릴까 전투병과 방위병 그리고 호위병으로 나누어 뿌린다.

효과를 알 수 있을 것이다. 자고로 사내가 맥주 홀짝거리기보다 소주 한 잔 탁 털어 넣는 것이 사내다운 법. 그리하여 고추와 소주는 분명 잘 어울릴 거라는 생각까지 했다.

   농사란 끝이 없다. 탄저병 방제를 확실히 하고 다수확만 남았는데, 고추 말리기가 또 비상이다. 고추를 잘 키운 것까지만이 아니라 잘 키운 것을 먹으려면 말리기를 잘 해야 한다. 지난 금요일 밤부터 고추 말리기에 온 신경을 집중했다. 이 엄청난 물량을 완전 태양초로 말리는 것은 무리라고 판단하여 건조기에 말린 뒤 2~3일 태양에 말리기로 했다. 그렇게 한다 하더라도 장난이 아닌데 고추 말리기 전에 내가 말라버릴 것 같았다. 반양고추를 하기로 하고 오늘부터 팀원들은 고추

따기와 닦기, 나는 건조기로 옮기기, 태양에 말릴 때 초미 관심하기, 뭐 이렇게 시작했다. 내일도 고추를 따야 하고 닦아야 하는데 불볕더위에 고추를 대하려니 고추가 예쁘게 보일 리 있을까? 그래도 고추란 자고로 잘 대해야 제 기능을 다하지 않겠는가 싶어 팀원들에게 신신당부한다.

고추 건조장으로 옮기던 길에 전화가 왔다.

"고추 말리러 가는데요."

내가 갑자기 기침을 연거푸 하니

"고추를 생산해야지, 맨날 고추를 말리기만 하니까 그렇지" 한다.

"고추 물면서 전화 받아서 그래요." 대답하면서 서로 웃었다.

고추, 끝나지 않은 관계. 내 평생 고추를 올해만큼 많이 접하고 관심을 쏟은 날들도 없을 것이다. 고추 말리면서 놀게 활주로나 빌려줄 사람 없는고?

밤 11시에 다시 농장으로 갔다. 지난 금요일 밤부터 내 모든 정열을 한 몸에 받은 고추들이 잘 말라 있었다. 아주 건실하고 투명하게, 내일 하루 더 말리면 건조기에 들어가지 않았던 완벽한 태양초가 나올 것이다. 나는 한참동안 잘 마르고 있는 고추들을 하나하나 들어 이리저리 살펴보면서 만지고 있었다.

'튼실하게 쭉 잘 뻗는구나, 내 사랑하는 고추야. 정말 잘 생겨서 뭇 여성들이 너를 무척이나 좋아하겠구나.'

고추는 손이 많이 간다.
특히 석회보르드액을 쓰면 일일이 씻어내고 닦아야 한다.
태양초로 말리려면 많은 시간과 정성이 필요하다.
매번 고추를 뒤적거려주어야 하고, 몇 날 며칠을 말리고 난 뒤에
고추꼭지를 따서 다듬는 것까지 합치면
고춧가루 가격은 제 아무리 비싸도 비싼 것이 아니다.
고추 말리기 시작하고 12시간 뒤 모습

고해苦海에서 잘 살려면

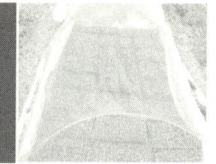

 김장배추 모종을 지난 17일에 냈다. 모종을 낸 뒤 차양막을 씌운 생활동에 남겨두었다. 그때까지만 해도 하우스에는 열무가 남아 있었고 배추 청벌레와 벼룩벌레가 많이 있기에 배추모종판을 들여놓을 수가 없었다. 웃자랄 염려를 하면서도 이삼일 정도면 괜찮겠지 라는 생각에 그냥 놓아두고 1박 2일 동안 팀원 가족들과 수련회를 다녀왔다. 다녀와서 생활동 문을 여니 배추 떡잎이 햇살이 있는 방향으로 웃자라 뻗어 있었다. 모종이 웃자라면 연약하기만 할 뿐, 부랴부랴 포트를 밖으로 내어 놓았다. 햇살이 남아 있던 터라 갑작스럽게 햇살을 직접 받으면 녹아내릴 지도 모를 터인데 하면서 모종 포트를 내어 놓고 한참동안 어떻게 할 것인지를 생각했다. 하우스 안으로 옮기려니 벌레 가득한 적진에서 싹쓸이 당할 것은 뻔하고. 미니 하우스를 만들기로 했다. 비가 올 것에 대비해서 미니 하우스를 만들어 놓아야 편히 잘 수 있을 것 같았다. 그날 밤 역시나 배추 꿈을 꾸었다. 벌레 가득 먹고 속이 차지 않은 배추포기 꿈을….
 다음 날, 웃자란 잎에 게르마늄을 넣으면 연약해진 배추에 도움이 될 거라는 자문에 게르마늄액을 희석해서 주었다. 그리고 오후 5시쯤, 틈틈이 모종들이 녹아 내려 있는 것을 확인했다. 아득했다. 게르마늄

때문인지, 아니면 뜨거운 햇살 때문인지…. 배추모종은 내 온 신경을 집중시켰다. 그날 배추모종을 하우스 전쟁터 안에 넣기로 했다. 저녁 내내 포트를 하우스로 옮겼다.

다음 날 아침, 배추 떡잎에는 벼룩벌레들이 달려들어 구멍을 숭숭 만들어 놓고 있었다. 급히 모기장으로 미니 하우스를 만들었다. 벼룩벌레를 손으로 잡는데 1센티도 안 되는 미물을 죽이는 것이 참으로 안타깝지만 어쩔 수 없다.

쌈채 모종은 그리 신경을 쓰지 않았지만 배추모종에 온 신경을 집중하는 이유는 김장배추도 좋은 상품으로 만들고 싶기 때문이다.

농약을 쓰지 않고도 모양을 만들어 낼 수 있다면 그러한 기술을 개발해야 하는 것이 농사를 짓는 사람들의 의무가 아닐까. 농사를 짓는 것, 자연이 농사를 짓는 것이 51%라면 마음이 짓는 것이 49%라고 생각한다.

"모종을 잘 살펴봐. 여러 사람들이 씨를 뿌렸잖아. 어떤 마음으로 넣었느냐에 따라 모종이 달라." 농사꾼 친구는 말한다. 105구 포트에 6,000립 씨앗을 뿌렸는데 정말 모종들이 각양각색이다. 씨뿌리기를 건실하게 한 것은 정말 튼실한 싹이 나와 있다. "그래서 씨뿌리기는 아무나 하는 것이 아냐, 마음을 다할 수 있는 한 사람이 하는 거야. 직접 씨를 뿌리라는 이유를 알겠어?"

배추모종에 물을 주는 것도 어제부터는 철통분무기로 하고 있다. 물조리개로 하니 연약한 싹들에게는 무리이기도 하고, 빈틈없이 주기가 어렵기 때문이다. 분무기를 짊어지는 것이 시간이나 노력이 더 들지만 그렇게 하라고 했다. 어릴 때부터 사랑받고 있다는 것, 관심을 받고 있다는 것을 모종이 알 테니까. 그 험한 노지, 자신이 지탱할 수 있는 힘을 만들 수 있을 때까지 최대한 빛과 영양을 흡수해야 할 잎사귀들을 모두 벌레에게 뜯어 먹혀 고사시킬 수 없는 일이다.

모기장 안에 있는 배추모종들.
톡톡이라는 벼룩벌레들이 극성인데 모기장도 최선의 방책일 뿐,
벼룩벌레들을 완전히 감당하지 못한다.

배추모종을 밭에 옮겨 심고 있는 팀원들.

배추모종 이야기를 하다 보니 한 팀원이 생각난다. 남성 팀원인데 무단으로 이틀을 결근하고 있다. 사실 무단은 아니다. 그의 모친이 반장님에게 전화를 했다니까. 그의 모친은 오십이 다 된 자식을 품안에서 내어 놓질 않는다. 이유는 단 하나 '우리 자식은 장애자니까', '장애자니까 힘든 일을 할 수 없다, 장애자니까 술을 먹고 늦게 들어와서는 안 된다. 장애자니까 내가 돌봐야 한다. 장애자니까… 장애자니까….' 순수하고 맑은 그가 일을 계속 할 수 없는 이유, 세상에 적응하기 어려운 이유는 바로 그 어머니 때문이다. 어머니 품안의 자식으로 지금까지 세상에 내어놓질 않거나, 내어놓더라도 자신의 애정에 맞지 않는다면 세상에 있는 자식을 품안으로 끌어내린다. 그에게는 자신의 의사와 판단이 없다. 모두 어머니가 움직이고 있으니 불행하게도 어머니가 돌아가시면 오십이 다 된 아들은 어떻게 살아갈 수 있을까? 어머니가 자식을 그렇게 만들어놓고 자식은 이제 그렇게 익숙해지고.

모종을 키우는 것. 세상 밖으로 내어 놓기까지 그 많은 고해 속에서 살아가는 힘을 가지도록 하는 일과도 같다.

도둑맞다

토요일인데 몇 사람들이 자진 특근을 했다. 이유는 도둑들이 고추를 따 갈까봐 빨리 따야겠다고. 지난해 이 둘레 농장에서 세 트럭 정도의 고추를 도둑맞았다고 한다. 빨간 고추를 따서 말려 파는 것이 일년 수입 가운데 큰 몫을 차지하는데….

그런데 오늘 농장에 가보니 허탈하기 그지없었다. 토마토가 거의 끝물이라 주문량을 못 맞추고 있는 실정이다. 빨간 토마토가 많이 열려 있는데 토요일이라 따 보았자 월요일에 배달될 수밖에 없어서 월요일 아침에 따려고 그냥 놓아두었다. 다섯 상자 이상이 나올 수 있었으며 그 이상의 주문을 받아놓은 터였다.

어제는 팀원의 가족문제로 새벽 2시에야 집에 돌아왔다. 몸이 그리 가볍지 않아 아침에 게으름을 피웠다. 하우스에서 말리고 있는 고추가 잘 있는지, 배추모종 상태는 어떠한지 살펴보고 또 반건조된 고추를 볕에 널어 놓아야 했다. '그래, 오늘 오전은 그냥 이렇게 있자, 뭐 크게 지장이 없겠지'하면서 점심이 지나 농장에 가보았다.

여기저기를 둘러보는데 빨갛게 익은 토마토가 보이지 않는다. 모두 짙푸른 녹색들로 가득하다. 들어가서 쭉 둘러보는데, 조금 익은 것조차도 보이지 않는다. 먹고 싶은 사람이 한두 개 몰래 따 간 것도 아니고, 하우스 안을 이 잡듯이 뒤져서 모두 따 가버렸다. 끝물인 토마토는 수확량이 많지 않은 터에다 과열현상도 어느 정도 해결이 되었고 크기는 작아도 맛이 괜찮아 뒤늦게 찾는 사람이 많아졌다.

"한번 손이 타면 계속 타는데…." 사람들 얘기이다. 토마토를 도둑맞은 것은 개의치 않는데, 고추에 대한 긴장이 바짝 되었다. 어제부터 하우스 안에서 밤낮으로 말리고 있기 때문이다. 물론 하우스에는 잠금장치가 없다. 잠금장치를 해봐야 비닐을 찢고 들어오면 그만이기 때문이다. 별 수 없이 저녁에는 컨테이너로 들여와야 한다.

도둑을 맞는 것. 돈이 필요한 사람이 가져갔다고 생각을 하기도 하지만 농사 첫 해. 지금까지 4백만 원, 평당 만 원 꼴로 1,500평 2천만 원의 매출을 올릴 생각을 하고 있는데 전략품목인 고추를 도둑맞는다면. 아무래도 농장 둘레에 경고문을 써놓아야 할지도 모르겠다.

"너무 가난해서 도둑질을 할 수밖에 없다면 저에게 전화주세요. 여기도 당신처럼 가난한 사람들이 모여 농사를 짓고 있는 곳이에요."

계집애들끼리의 상생

 고추와 계집의 관계가 끝나가고 이제는 계집과 계집애들과의 상생작전으로 돌입했다. 무슨 얘기인고 하면 김장배추 모종을 잘 키우고 난 뒤 지난 주 노지에 옮겨 심었다. 모두 6,000주 가운데 3,000주를 노지에 심고 나머지는 고추 건조장으로 비워 둔 하우스에 심었다. 노지의 험난함을 이기지 못하고 고사한 모종들을 교체하고 난 뒤 지금은 2,000주 정도가 남았다. 관심을 받은 만큼 잘 키워진 모종들이 아직도 남아 있다.
 김장배추 모종을 옮겨심기까지 팀원들의 노고는 이루 말할 수 없다. 밭고랑을 만들고, 시기가 늦어질세라 뙤약볕에서 또는 추적추적 내리는 빗속에서 심었다. 배추 모종을 심은 뒤에는 뭐니뭐니해도, 일하고 난 뒤 비가 와주면 하늘이 도와주는 것이다. 옮겨심은 뒤 뙤약볕에 녹아내린 모종에게 미안했지만 역시 땅과 뿌리의 힘은 대단했다. 생각보다 많은 모종들이 뿌리를 내렸기 때문이다.
 나와 막내는 모종삽으로 구멍을 내고 다른 두 친구는 목초액과 발근 천연영양제 희석한 물을 대는 일을 했다. 나머지 팀원들은 짝을 지어 모종을 심었다. 식사 당번은 틈틈이 새참을 만들어 오기도 했다.
 이틀 동안 모종을 옮겨심은 팀원들, 집단농장만이 가지는 기쁨이 있다. 짝을 지어서 하기에 도란도란 얘기를 해가면서 한다. 저쪽에서 웃음소리가 들리면 고된 노동의 기쁨이 절로 나온다. 딱 한번 다투는 소리가 들렸지만 지나고 나면 그것도 추억거리이다.

  작물들과 얼마나 많은 시간을 보냈냐가 그 작물의 상태를 정확하게 알게 한다. 마찬가지로 팀원들도 그러하다. 각양각색의 팀원들. 내게는 어느 누구하나 소중하지 않은 이들이 없다. 아침에 먼저 출근해서 팀원들을 맞이하는 날에는 간밤에 그들의 상태를 대략 알 수 있다.

  요 며칠 한 친구의 얼굴이 계속 부어 있다. 그녀에게 무슨 일이 있냐고 물었지만 특별한 일이 없다고 한다. 걱정이 되는 것이야 당연한 일이다. 그녀에게 가족이 있지만 그녀가 부양해야 하는 가족이며, 나는 그녀의 가족이 좀 더 평안할 수 있도록 최선을 다해 주어야 하는 몫이 있기 때문이다. 또 다른 한 친구는 기분이 좋지 않은 것 같다. 민감하기 그지없는 그녀에게 어떤 스트레스가 힘들게 하는지. 내가 간밤에 작물들의 안녕을 살펴보듯이 그녀들도 그러하다. 또 그녀들도 내 상태를 잘 알고 있다. 나 또한 그녀들에게는 돌봐주어야 하는 사람이 되는 것이다.

  간밤에 잠을 제대로 자지 못해 피곤했다. 거의 아침밥을 챙겨먹지 않는 나를 위해 반장님이 먹기 편하게 누룽지 밥을 해주셨다. 평상에 차려진 내 밥상을 두고 잠시 실랑이를 벌인다. "입맛이 없는데…." 모두 먹으라고 아우성이다. "강의하러 가시는데 꼬르륵 소리 나면 어떡해요?" "엄마가 병나면 안돼요. 우린 어떡하라고…." 엄마라는 소리에 기겁을 했지만 무슨 의미인지 충분히 알고도 남음이 있다. 누군가 관심을 가져주는 것은 행복한 일이다.

  노지에 내어놓은 김장배추, 벌레와 전쟁이 시작되었다. 고추와 사이가 좋았던 우리들, 계집애들끼리 있으면 부딪힘도 많겠지만 그런 과정에서 쌓이는 정이란 그 어느 것보다 못하지 않다. 음과 양의 조화 속에 음과 음이 있고, 양과 양이 있는 것처럼 김장배추와 조화를 잘 이루어 내기를 욕심내어본다.

신발을 벗고 밭에서 일한다. 땅을 밟은 발바닥은 건강하다.
땅을 밟고 산다는 것이 무엇인지 신발을 벗고 흙에서 놀아본 사람들은 안다.

살殺 벗기, 살殺 입기

추석 귀향길에 오르기 시작한 날, 집에서 공부를 하고 있다. 전화통화한 친구는 "그것이 공부야? 일이지"라고 한다. 우리 영농팀에서 생산하는 일부터 자립공동체의 미래를 구체적으로 마련하기 위해 지금까지 모은 자료들을 죽 훑어보았다. 일을 하든 안하든 머릿속에서 떠나지 않는 것들이 이런 생각들이지만 오로지 농에 대한 것들만으로 차분하게 시간을 보냈다. 그것도 오늘 같은 추석연휴에. 뭔가 보이는 것 같아 사뭇 차분해진다.

농사관련 정보를 살펴보다가 문득 생각난 것이 바로 벌레다. 지금 김장배추에 벌레들이 앞다퉈 달려들고 있는데, 얼마 전에는 사마귀들이 잎사귀를 삽시간에 갉아 먹어치우는 현장을 목격했다. 사마귀 한 마리가 손바닥 반 정도 크기의 잎사귀를 갉아 먹는 시간은 1분 정도였다. '처음부터 벌레들과 친하게 지낼 수 없을까'라는 생각이 맴돌지만 별 뾰족한 방법이 없다. 익충과 해충이 따로 없다고 하지만 한 작물에게 익충과 해충은 있을 수밖에 없다. 섞어짓기를 하는 이유는 서로 각 작물을 지켜주는 역할을 하기 때문이겠지만 더 나아가 각 작물을 좋아하는 벌레들이 서로 천적으로 있기 때문일지도 모른다. 농사를 짓다보면 벌레들과 전투를 벌이지만 한편으로는 그들에게 미안한 생각이 자주 든다. 저 녀석도 먹고 살자는 짓인데, 잡아서 죽여야 한다는 것이 마음을 씁쓸하게 한다.

곰곰이 생각해보면 배추모종을 벌레로부터 보호할 수 있었던 것은 기피제를 적절하게 쓴 것과 손으로 벼룩벌레와 청벌레를 잡았기 때문인 것 같다. 물론 모기장도 무방비 상태보다는 나은 방충 역할을 했을 것이다.

생마늘을 갈아 즙을 내어 물과 200대 1 정도로 희석했다. 좀 독하지 않을까 생각했지만 그래도 한번 해보자는 생각에 마늘 희석액을 뿌렸더니 붙어 있는 벌레들이 도망을 가고 어떤 것은 기절도 했다. 마늘이 벌레 기피 역할뿐만 아니라 작물을 강하게도 만든다고 생각한다. 마늘에 대한 효과가 이미 잘 알려진 터이다.

배추밭에 영양제를 주고 있다.
땅이 좋지 못한 첫해에는 천연양양제를 만들어 틈틈이 주었다.

추석이 끝나면 배추에 충분한 수분공급을 해야 하는 과제가 있고 한 주에 두 번 벌레 기피와 영양제를 뿌릴 예정이다. 마늘 추출액, 목초액을 쓰고 친구한테 받은 게르마늄액도 써 볼 예정이다. 토마토 하우스를 폐사했는데 아직 퇴비화하지 않았다. 이유는 토마토의 진한 향을 이용해볼까 하는 생각에 고랑에 약간 깔다가 보기 좋지 않아 그냥 하우스와 배추밭 고랑에 놓아두었다. 토마토 잎사귀를 뜯어다 액을 만들어볼 걸 그랬나보다.

아직도 고추를 말리고 있는데 다니다 보면 고추씨나 고추 꼭지들이 떨어진다. 그것을 버리지 않고 배추밭에 뿌린다. 고추의 진한 냄새로 벌레 기피 역할을 하지 않을까 해서다. 양이 얼마 되지 않지만 그냥 그 둘레 배추들의 상태를 보는 것이다.

'벌레같은 인간'이라는 말이 있는데 벌레에게 참 미안한 얘기다. 벌레 입장에서 보면 '인간 같은 벌레'일 터인데.

예전 선조들 농사도 그랬을까? 살충이 없었겠지. 왜냐하면 상품이라는 것이 없었을 터이니까. 모양이 좋은 것에 대한 집착이 지금처럼 심하지 않았을 것이다. 먹을거리야 자급자족했고, 어쩌다 보기 좋은 것이 나오면 '상上품'으로 조상의 제사상에 올리거나 상납을 했을 것이다. 또 하나는 땅이나 공기가 오염이 안 되었을 터이니 '익충과 해충'이라는 적대적 분리가 되지 않았을 것이다. 자연재해가 아니면 모든 것이 공생공존했을 테니까.

살충, 모든 살(殺). 결국 자본주의 '상품'시대와 생태환경의 파괴로 인한 것이다. 살충에서 벗어나는 일, 그 모든 살(殺)에서 벗어나는 것, '상품화' 사회에서 벗어나는 길, 생태환경을 복원하는 길은 지루하도록 고집스럽고 힘겹게 지켜나가는 먼 길이 요구되는 일이리라.

사람농사를 잘 지어야지요

종묘사에 들렀더니 무름병, 달팽이, 벌레 방제 때문에 모두들 농약을 사가지고 간다. 심지어 다섯 평 주말농장을 하는 이들도 이구동성 벌레 예방에 힘겨워하면서 결국 농약을 치게 되었다는 얘기를 한다. 45일 동안 벌레 방제 및 영양 상태에 관심을 쏟으며 살피고 있는 배추는 아직까지 벌레 피해가 거의 없다. 오늘 아침 달팽이가 갉아먹어 잎사귀가 초토화된 6주의 배추를 발견했다. 그것 말고는 거의 양호한 상태이다.

모종을 옮겨심고 나서 걱정스러웠던 것은 벌레 방제와 더불어 척박한 땅이었다. 땅이야 수년 동안 만들어지는 것이지만 일단 배추 재배는 시작되었고 생산과 수확을 좋게 하려면 영양제를 주거나 거름을 주어야 한다. 뿌리가 자리를 잡고 튼튼하게 자라도록 게르마늄과 멸치 아미노산을 네 차례 주었다.

무엇보다 중요한 것은 벌레 방제다. 벌레 방제를 위해 세 차례 정도 마늘생즙 희석수를 썼다. 마늘을 찧은 생즙을 물에 희석하는데 마늘향이 느껴질 정도로 희석해서 분무기로 잎에 뿌리고, 특히 밭 둘레에도 뿌려두었다. 마늘생즙 희석수 말고도 목초액과 영양제를 썼지만 벌레 기피 효과는 마늘생즙인 것 같다.

매일 아침 작업은 달팽이와 다른 벌레들을 손수 잡는 일이다. 달팽이에 대한 대책은 아직 없지만 지금까지는 손수 잡는 방법과 기피제 방제에 영향을 어느 정도 받는 듯하다.

연휴지만 어제에 이어 아침저녁으로 농장에 가서 배추상태를 살펴보았는데 아직까지는 벌레들이 보이지 않는다. 물론 벌레똥은 많이 발견되었다. 회색나방의 성충시체도.

9월 평가회의를 하면서 팀원들에게 그동안 해 온 영농에 대한 지식을 시험해보는 질문을 던졌다. 왜냐하면 지금까지는 영농회의를 통해서 결정은 하지만 대체로 모든 작업지시를 내가 하고 있기 때문에 자칫하면 시키는 일만 하는 팀원들이 될지 모른다는 걱정이 되었기 때문이다. 아니나 다를까 내 질문에 정확하게 답변하는 이들은 거의 없다. '아뿔싸!' 영농회의 때 설명을 하고 작업지시 때에는 말 그대로 지시만 한 것이다. 아이들 다루듯이 일일이 가르치고 확인하는 것을 잠시 잊었던 것이다. 다음 주부터는 다시 일일교육을 실시할 예정이다. 평가회의 때 '푸닥거리'를 한 탓에 더욱 예의주시해서 작업을 하겠지만 일단 다시 일일이 체크하면서 확인하는 교육을 해야만 한다. 이 왕초보가 말이다. 내 방식이 틀리면 학습효과가 될 것이기도 하다.

"아무리 농사를 잘 지으면 뭐 합니까? 사람농사, 자식농사를 잘 지어야죠." 진정 농을 잘 하기 위해서는 농을 하는 사람의 마음이 중요한 것처럼 농사를 하는 '사람농사'를 잘 지어야 한다는 것. 농을 통해 이들의 살 길을 열어주는 것과 동시에 이들을 교육 훈련시키는 것. 내가 하는 영농사업의 주요 두 과제이다.

양아치가 따로 있나?

어렸을 때, 대나무로 엮은 통을 메고 동네를 돌아다니며 종이며 뭔가를 줍고 다니는 이들이 있었는데 이들을 양아치라고 불렀다. 양아치라는 말이 지금은 좋지 않은 말로 쓰이기는 하지만 그때도 양아치 노릇하는 것을 별로 달가워하지 않았다. 하지만 그들이 하는 일이란 동네를 돌며 조금이라도 쓸 것이 있는 것들을 줍고 다닌 것이었으니까, 지금으로 말할 것 같으면 재활용사업을 하는 이들이었다. 지금은 그것도 하나의 사업이지만 그때는 동네 아이들의 손가락질을 당하는 천하디 천한 직업이었다.

요 며칠 눈이 벌겋게 되도록 여기저기를 훑어보는 일이 많아졌다. 특히 종이상자에 눈독을 많이 들인다. 지금까지 하나에 400원 하는 중고 상자를 써왔는데, 가게가 있는 곳이나 아파트 재활용 폐기장 같은 곳에 가면 거저 얻어 올 수 있기 때문이다. 오늘도 상자 쌓아둔 곳을 눈여겨 두고 왔는데, 문제는 다음날 아침만 되면 그 상자들이 사라진다는 것이다. 상자만 수집해가는 할머니 할아버지들이 있기 때문이다. 그것만 해도 할머니 할아버지들은 한 달 용돈을 넉넉히 벌 수 있다하니 할머니 할아버지들과 경쟁을 하는 셈이 되었다. 어쩌면 내일 아침 중고 상자를 사야 할지도 모른다. 할머니 할아버지를 따라갈 정도로

부지런하지 못하므로.

며칠 전에는 아파트 쓰레기가 쌓인 곳에 항아리가 있는 것을 발견했다. 이미 어둠이 내려 항아리 상태를 알 수 없었지만 일단 들고 집 현관까지 왔다. 우리 생활동의 식기들이 그렇다. 한 달 전엔가는 한 팀원이 프라이팬을 주워왔다. 우리가 쓰는 생활용기들도 웬만하면 버린 것들을 주워온 것이다.

농사를 짓다보니 별의 별 것이 다 필요하다. 농자재를 직접 만들어 쓰려니 용기부터 버릴 것 없고, 계란 껍데기, 한방찌꺼기 등 먹다 남은 것도 퇴비나 액비를 만들어 쓰니 버릴 것이 없다. 톱밥, 잿가루 등 모든 것이 다 필요하다.

일주일에 한두 번 정도 집에서 밥을 해먹는데 음식물 쓰레기도 장난이 아니다. 전에는 음식물 쓰레기에 대한 별 고민이 없었는데, 이 음식물 쓰레기로 집에서 퇴비 만드는 일을 고민하고 있다. 지렁이 화분을 만들어서 쓸까 생각도 했는데 그것도 시간을 따로 내어 화분을 만들고 지렁이와 지렁이 분변토를 사야 하니까 마음먹고 하지 않으면 안 되는 일이다. 아무튼 집에서 나오는 음식물 쓰레기를 퇴비로 만드는 방법을 빨리 개발해서 보급해야 하는 것도 과제로 삼고 있다.

농사는 생활을 검박하게 만들고 삶의 지혜를 준다. 주변생활에 자재들이 풍부하니 손으로 직접 움직여 뚝딱뚝딱 만들어낼 수 있다. 지금은 집이며 생활자재들을 만드는 것보다 주변에서 주워와서 쓰는 것부터 하고 있으니 그 옛날 양아치가 되어가는 것이다.

가을이 가는구나

농사 첫 해, 수확의 기쁨과 계획만큼 수확은 나온다는 경험을 하게 한 고추밭. 뙤약볕 아래서 잡초를 뽑은 날이 엊그제 같은데, 어느덧 고추밭을 정리하고 땅에서 나오는 것들 하나도 버릴 것이 없다는 말을 실감한다. 아직도 새끼 고추들이 나오는데 고춧잎과 고추 반찬을 하려고 한켠에서는 고추를 따고 있다. 다음해에는 고추피클을 팔기 위해 다양한 실험을 하고 있다.

10월부터 바깥일이 많아 밭에서 같이 하는 일이 적었는데, 오늘은 만사 제쳐 놓고 고춧대 뽑는 일을 같이 하고 있다. 농의 기쁨이란 바로 같이 일하는 기쁨이라는 것을. 방제 처방하고 살펴보는 일은 잘 하지만 밭일은 우리 팀원들만 못하다. 온종일 밭에서 사는 우리 팀원들의 일머리를 따라가지 못하니 고춧대 뽑을 때도 '그렇게 하면 고춧대가 휘어지잖아요.' 팀원들한테는 야단을 맞는다.

호박 고구마를 200kg 정도 수확했다. 고구마가 어찌나 깊이 박혀 있던지 고구마 캐는 일도 요령이 필요하다. 호미나 삽, 오구로 퍼내기는 하지만 영락없이 고구마는 도구에 찍혀서 나온다. 둘레 흙부터 파내면서 고구마를 캐는 일, 농사란 어느 것 하나 쉽지 않다. 고구마를 캐느라 팀원들의 팔뚝에는 파스가 떨어질 날이 없다.

한낮에도 추워서 옷을 두툼하게 입어야 한다. 배추 수확만을 남겨두고 생활동에서 내년에 쓸 자재를 만든다. 모아둔 계란껍질을 프라이팬에 볶아서 잘게 빻고 현미식초에 희석한다. 작물들에게 칼슘제로 계란껍질만한 것이 없다. 프라이팬이 점심 요리 때에도 쓰이고 식물이 먹을 계란칼슘 만드는 데도 쓰인다. 농사란 계란껍질 하나 버리지 않고 이렇게 자재로 쓰게 한다.

영하 1도로 내려간 날, 무를 뽑았다. 내다 팔 무는 얼마 되지 않고 김장김치 재료로 들어간다. 무 크기가 천차만별이다. 큰 무는 상자에 담아 김장김치 재료로 두었고, 작은 무는 동치미와 총각무를 담기 위해 다듬는다. 무청은 따로 모아 말리고 있는 중이다. 무 한쪽 먹으니 그 어느 무보다 달고 맛있다. 화학비료를 쓰지 않는다는 것이 이렇게 땅과 작물의 맛을 그대로 살려주는 것이 아닐까.

두 고랑의 들깨를 수확해서 털었다. 들깨 씨앗을 뿌릴 때, 깻잎으로 팔기에 두 고랑은 많고 들기름 내기에는 평수가 작아서 약간의 실랑이를 했었다. 학습의 효과를 위해 반장 말대로 두 고랑 들깨를 심었다. 한 말 정도의 들깨가 나왔는데 들기름을 내어서 우리 팀원들이 먹을 예정이다. 들깨를 터는 일도 힘겹다. 커를 잡는 것도 처음, 생전 처음 해보는 일이 너무 많다. 옆에서는 콩을 고르고 있다. 초겨울 햇살 아래서 오밀조밀 모여 도란도란 얘기를 하면서 일을 하고 있다. 옆에만 있어도 즐겁다.

고춧대를 뽑으면서 고춧잎들을 따고 있다.
살짝 데쳐서 삶아, 말려 놓았다가 겨울에 먹는다.
이렇게 말린 고춧잎에는 철분이 많다. 식물은 어느 것 하나 버릴 게 없다.

무를 다듬는 팀원들. 무는 무청을 자르지 않아야 오래 보관할 수 있다.

김장배추에 대한 신경전은 계속되고 있다. 지난 금요일부터 수확을 시작했는데 아직 속이 차지 않은 것은 남겨두고, 속이 찬 것들 차례로 예약 받은 곳으로 배달되고 있다. 노랑 잎이 다 채워지지는 않았지만 배추 맛은 기가 막히다. 겉의 진갈색 녹잎도 쌈으로 싸먹을 수 있다. 배추의 고소한 맛으로는 우리 것을 따라 갈 배추가 없을 것이다. 다음 주부터 배추포기로 또는 절임배추로 또는 김치로 출하될 것이다. 2주 동안 우리 팀원들 온종일 고생할 것이 눈에 선하다.

색부들의 한 해 농사가 이렇게 마무리 되어 가고 있다. 작업이 끝난 금요일 생활동에 옹기종기 모여 삼겹살과 소주 한잔 놓고 뒷풀이도 한다. 난 땅과 농이 있어 행복하고 이들이 있어 그 행복은 더욱 부풀어오른다.

농한기, 또 다른 농번기

"눈이 왔나봐."
"안 왔는데…?"
"저기 봐. 불빛에 타이어 자국들이 있잖아."
"그러네…."

남양주에서 달려온 동료의 차를 세워둔 교회 앞 건널목을 지나고 있었다. 그가 떠나는 것을 바라보며 집으로 돌아오다가 포장마차에서 오뎅을 한두 개 사 먹고, 옆 가게에서 순대 천원어치 달라고 해서 집에 돌아오니 9시가 다 되었다.

농장 컨테이너 한켠에서 평택에서 달려온 이, 남양주에서 달려온 이와 함께 갑작스럽게 마련된 회의를 한답시고 앉아 있고, 다른 한켠에는 우리 팀원들이 모여 쉬고 있다. 얘기를 시작하고 얼마 되지 않아 그녀들이 준비해 준 떡볶이와 음료수가 들어왔다. 손님 대접에 언제나 소홀히 하지 않는 팀원들이 고마웠다.

"세 가지 경향이 있다고 봐. 농의 가치를 무시한 채 시장자본주의 방식으로, 실적 중심 사업으로만 전개하려는 경향과 농을 전혀 알지 못하고 그냥 시키니까 하는 경향, 그리고 농의 가치 속에서 전망을 가져보려는 경향을 가지는 세 부류지. 따라서 평가 뒤에 과제가 있어야 하는데, 그것은 곧 팀장들의 교육이야. 팀장들이 제대로 박혀있지 않은데 팀원들이 어찌 따라가겠나?"

2005년도 회의와 워크샵의 평가를 이렇게 시작하였다.

"편의주의 아냐? 그것은 동의하지 못해."

"당연하지. 경기지역도 제대로 못 만나는데 전국이야 당연하지 않니?"

"하지만 굳이 그렇게 빨리 할 필요가 있어?"

"누가 그렇게 빨리 만든다고 했나? 시작한 일이기에 정리가 필요하니까. 어떻게 해서든지 정리가 되어야 한다고 봐."

전국단위의 문제를 거론하다가 잠시 의견이 엇갈린다. 두 사람의 엇갈린 의견에 한 이가 나서서 내 의견에 동의를 하며 설명을 덧붙인다. 그 녀석이 있어서 얘기를 쉽게 마무리 지을 수 있었다.

천만 원의 예산안도 뚝딱 만들고, 평가도 뚝딱 해치우고 난 뒤 한 녀석이 저녁회의가 있다고 나간다. 그 녀석은 곧 그만두고 다른 일을 할 것이다. 거기에 난 전폭적으로 지지를 하고 나섰다. 그이가 하는 일의 전망은 어둡지만, 난 그이가 어떤 일을 하든 그이 경험의 소중함을 스스로 알 수 있는 그의 자질이 있음을 믿는다. 그냥 그이는 그렇다. 깔끔한 녀석이다. 부러질 줄 알고 휘어질 줄도 안다.

그이가 가는 것을 배웅하지 않았다. 곧 만날 것 같았다. 그래서 컨테이너 방 안에서 '잘 가'라고만 했다. 그이가 가고 남양주에서 온 동료랑 얘기를 이어나갔다.

"5년 계획이 필요하다고 봐요."

"음. 5년 로드맵?"

"그것이 있어야 부족한 쪽을 설득시킬 수 있지."

"추상적인 것이 아니라 구체적인 전망이 만들어져야…."

"하루아침에 뚝딱 나오지 않겠지. 시간이 걸리는 작업이야…."

"그래. 내 지역에는 대충 그림을 그리고 있는데… 일반화해서 시도를 해보지. 일자리 네트워크 사업에도 그것이 필요해서 작업을 하려고 하는데 어차피 연동되는 일이니 작업을 해볼게."
"특히 사람에 대한 교육도 넣어줘. 정말 사람농사가 중요한 것 같아."
"응, 사람 농사가 잘 되면 물질적인 것은 어느 정도 해결할 가능성이 있지만 물질적인 것이 있어도 사람농사가 제대로 안 되면 더 이상 나아갈 수 없어. 사람에 대한 것이 일차적인 이유가 거기에 있지."
"중요하다는 것은 아는데… 그렇지만 사업도 중요해."
"물론 사업의 결과가 사람들을 더욱 추동해낼 수 있겠지. 사람이 되면 그런 것도 만들어지겠지. 아무튼 간극을 좁히는 역할을 할 수 있어."

집에 돌아와 순대 천원어치 사온 것을 김장김치와 버무려 먹고 컴퓨터를 연다. '김장배추가 다 끝났다. 이제 이번 농사도 끝났다. 신난다. 그런데 교육이 기다리고 있다.' 팀원의 비명 섞인 한줄 메모가 눈에 들어온다.
농한기. 겨울 농사를 안 한 것이 다행이다. 쉬어야지. 농번기가 있으면 농한기가 있어야 하는 법. '상시학습 일정을 다음 주부터 시작하겠습니다'라고 선언해놓고 커리큘럼을 대략 짜 놓았다.
"아침에 제가 교육하고 오후에 자율학습, 4시경에 학습평가입니다."
우리 팀원들 비명들이 오간다.
"난 싫어. 난 못해."
"싫으면 그만 둬!"

"일 그만 두어야겠네."
"그래라. 일 그만 둬라."
강행이다.
"팀장님은 불독이야, 불도저."
농번기에 난 주경야독을 한 셈이다. 나도 일일이 연구하면서 한 해 농사를 치렀다. 그녀들은 내가 지시한 일을 해나갔다.
그녀들보고 퇴근한 뒤에 직업에 대한 연구나 학습을 하라고 하면 미친 짓이다. 그들은 가족을 돌봐야 한다. 그렇다면 농한기이다. 농한기 때 한 해를 되짚어 보고 직업교육을 하나하나 해나가야 한다. 농한기에 땅을 쉬는 것이 다음 해를 위한 것처럼, 아직 익숙하지도 잘 알지도 못하는 사람은 쉬면서 다음 해를 준비해야 한다. 주경야독이 안 되면 하경동독이 되어야 한다.
나도 공부를 해야 한다. 지시만 하는 사람이 되어서는 안 된다. 그들이 스스로 공부할 줄 알아야 하며 지시에 따르는 것이 아니라 그들이 스스로 알아서 해야 한다는 것을 알려줘야 하며 가르쳐야 한다.
'대안생리대, 천연화장품 만드는 법 등 선생을 섭외해야겠군.' 자급자족에 대한 프로그램 준비, 농의 가치 일반에 대한 교육, 작물재배력에 대한 연구, 일반 직업상식, 세금에 대한 것, 시장조사하여 사업 구상하는 법.
영역을 나누어서 커리큘럼을 짜고 진행해야 한다. 서류철에 세 가지가 더 들어가야 한다. 연구해서 써야 할 과제들이 쌓여있다. 그리고 쓰기만 하는 것도 아니다. 실행해야지.
"막막해."
남양주의 동료가 한 말이 생각난다. 3년을 해 온 그의 말뜻을 이해한다. 그는 더구나 농사꾼 출신이다. 그런 그의 말은 그냥 넘길 수 없는 울림이다.

"난 그렇지 않은데. 난 꿈을 꾸고 있나?"

서투른 농사꾼이 뭘 모르는 것인가? 아니면 그런 이유에 대해 처음부터 잘 알고 시작했던 일이기 때문일까?

나에게 농한기는 또 다른 농번기로 가고 있다.

눈이 온 농장, 밭에 눈이 쌓여 땅도 쉬고 사람도 쉰다.
비닐하우스는 돈을 벌기 위해 땅도 쉬지 않고, 사람도 쉬지 않는 것이다.
쉬어야 건강한 것처럼 비닐하우스 농사는 땅도 사람도 망치는 행위이다.

농한기, 숨고름의 시작

집에서 농장으로 가는 뒷길. 지난 11월까지는 나무들이 있던 자리에 텃밭이 있었다. 아파트에 사는 노인들이 텃밭을 만들어 배추도 기르고 상추도 기르고 했다. 어느 날 아침에 굴삭기가 들어오고 사람들이 들썩이더니 나무를 심고 잔디를 깔았다. 지자체에서 막바지 예산 쓰기 작업을 하고 있었던 것이다. 내가 즐겨 찾던 할아버지 텃밭은 사라져버렸다. 아름드리 조경도 좋지만 그보다 더 좋은 것은 둘레 사람들이 텃밭이라도 일구어 먹는 일인데. 언젠가 분당에 살 때 잔디밭을 드러내고 텃밭을 만들어야 한다고 기염을 토했던 기억이 떠오른다.

아름드리 조경은 그저 눈에 보기 좋을 뿐, 잔디와 나무를 관리하기 위해 농약을 잔뜩 뿌릴 것이다. 시원한 나무그늘이라고 하지만 벌레 보기가 힘들 것이고 설혹 뒹굴 수 있는 잔디밭이라 할지라도 거기에 묻어나는 화학약품은 눈에 보이지 않는 독소가 될 것이다.

눈 덮인 밭이 뽀송한 솜이불 같다. 4개월은 족히 쉬어야 할 땅이다. 척박한 땅이지만 정말 맛난 배추를 주었다. 3,600주를 심었는데 속이 꽉 차서 제대로 되어 나간 배추는 반절밖에 되지 않았지만 그 맛으로 인해 완전히 다 팔아치웠다.

모양은 천차만별이지만 맛으로 이겼다. 푸르딩딩한 배추잎사귀들도 연하고 달콤하기 그지없다. 지난 11월 20일부터 배추판매 전쟁에 들어가 12월 6일까지 몸살 나도록 일을 했다. 절임배추로 나가랴, 김장김치로 만들어서 팔랴, 추운 날 그렇게 고생을 하면서 마지막 수확물인 배추를 모두 처리했다.

김장배추를 절이고 있다.
주문받은 배추를 기계에 의존하지 않고
팀원들이 일일이 손으로 자르고 절이고 씻고 포장한다.

속노란 이 배추는 하우스에서 길러 한 포기 2,000원에 나간 배추들이다. 노지배추 맛보다는 덜 했지만 하우스 배추도 맛있었다고 입을 모았다. 기분이 째졌다. 우리가 우리 배추 맛있다고 선전했지만 실제 소비자들이 배추 맛이 좋다고 하니까, 입이 째졌다.

지난 금요일까지 배추가 있는지 확인하는 전화를 받았다. '어이쿠 죄송합니다. 팔린 지 일주일이 넘었습니다. 다음 해에는 꼭 일찍 전화 주세요'라고 하는데 정말 미안했다.

김장하느라 여념이 없는 틈에 생일을 맞은 팀원과 조촐한 잔치를 벌이던 날, 땅 주인이 지나는 길에 들렸다 자리를 함께 했다. 이번 달에 월세를 깎아야 하는데, 다음 주에는 꼭 해내야겠다고 생각한다. 월 80만원, 피땀이다. 그 분은 농사를 지어봤으니 '잘 알겠지'라고 위안을 해본다. 지금은 임대업자가 되었지만 농사꾼 마음을 서로 터놓고 이야기해봐야지.

팀원들에게 스콧 니어링과 헬렌 니어링이 지은 책 『조화로운 삶』을 선물로 주었다. 읽고 난 뒤 이번 주 금요일에 토론하기로 했다. 왜 이 책을 선물했는지, 우리 농한기의 일상학습을 왜 이 책으로부터 하려는지, '농'의 가치가 무엇이며 무엇으로부터 시작해야 할지 서로 이야기하면서 나누게 될 것이다.

조화로운 삶을 사는 것

12월 중순, 농한기 학습의 시작으로 읽은 『조화로운 삶』에 대해 토론을 했다.

"좋은 삶이지만 우리와는 거리가 먼 것 같아요."

"이들은 유명한 지식인이고 돈이 있으니까 이렇게 살 수 있는 것 같아요."

"이렇게 살면 다 좋죠. 하지만 정말 이렇게 살아갈 수 있을까? 현실적이지 못한 것 같아요."

둘러가며 말한 여러 느낌 가운데 공통적인 소감이 이들의 삶이 자신들의 처지와는 동떨어졌다라는 것이다. 나는 팀원들의 소감을 듣고 책 내용을 보다 정확히 이해할 필요가 있다는 생각으로 꼭 짚고 넘어가야 할 내용들을 한 장 한 장 넘기며 '밑줄 쫙' 그리고 보다 세심한 이해를 돕기 위해 설명을 하기 시작했다.

1. 이들이 도시를 떠나 버몬트로 간 세 가지 목표
   - 독립된 경제, 건강, 사회를 올바르게 사는 것.
2. 농촌에서 농생물 재배에 기초하지 않은 서비스업, 즉 외지인에 의존하는 경제기초의 문제점에 대해

3. 파는 물건에 대한 생산원가 계산방식을 통해 지금의 유통 문제, 화폐개입 문제를 다루었다.
4. 축산과 애완동물에 대한 배척 이유에 대하여
5. 손수 만들어 사용하는 의식주에 대하여 - 실용성과 미
6. 최소한의 생존을 위한 노동에 대하여
7. 철저한 계획과 기록에 대하여
8. 먹을거리에 대하여 - 가공되지 않은 생물 먹을거리의 좋은 점과 상품화의 이면
9. 협동생활에 대하여
10. 시장과 상품의 본질에 대하여
11. 식물재배에 필요한 지식들 몇 가지 - 이 부분은 팀원들이 너무나 잘 알고 있는 것이기도 했다. 한 해 농사를 지어봤으니 재배에 필요한 몇 가지 지식들은 더욱 친밀하게 이야기할 수 있었다.

 책을 넘겨가면서 중요한 부분을 읽고 설명해나가는 방식을 취하면서 기억해 둘 문구들을 강조한다. 특히 마크 트웨인의 "문명이란 사실 불필요한 생활필수품을 끝없이 늘려가는 것이다"라는 말과 스티븐슨의 "적게 벌고 그보다 더 적게 써라"의 의미를 설명했다. 그리고 이들이 이곳을 떠나 또 다른 지역 메인으로 들어갈 수밖에 없었던 이유를 끝으로 조목조목 짚어보는 학습을 마치고 처음 느낀 점에 대해 다시 한 번 짚어보는 순서를 가졌다.
 동의할 수 없는 것을 끄집어 토론 주제를 삼으려고 하는 이유였다. 모두 그들 삶의 가치나 주장에 대해 동의하는 말을 꺼냈다. 하지만 이들의 삶이 과연 자신들의 삶에도 가능한 지에 대해서는 '희망'으로 남

겨두었지만 격렬한 토론을 벌였던 다음과 같은 문제는 이들에게도 마찬가지였다.
"이 사람들은 자식이 없어요?"
"글쎄. 언급되지 않았으니 없는가본데?"
"그러니까 이렇게 살 수 있죠. 아이들이 있으면 이렇게 못살아요."
"왜 못사는데?"
"아이들 교육은 어떻게 해요?"
"아이들 교육은 삶에서 되는 거겠지."
"이들은 자식이 있어도 그런 교육이 가능할 지도 모르지요. 모두 배운 사람들이니까 아이들을 집에서 가르칠 수 있기도 하니까요. 하지만 우리는 그렇게 못하잖아요?"
"왜 꼭 가르쳐야 한다고 생각하지?"
"그럼 아이들을 그냥 놓아 두어요? 국어, 수학 등 기본적인 것은 배워야 하고."
"맞아요. 요즘에 지식인들이 공동체를 만들어서 서로 가르쳐주고 하는 것도 가방끈 긴 사람들의 이야기지요."
교육에 대한 설전이 벌어졌다. 설전의 주요 내용은 자식교육에 있어서 공동체에서 가능한가이며, 한편으로 자신들의 처지에서는 그것이 불가능하다는 것이었다.
"그래서 우리는 귀농을 하고 싶어도 교육 문제 때문에 할 수가 없어요."
"다 키워 놓고 가면 모를까."
"그럼 이런 문제들이 해결된다고 한다면 농촌으로 내려갈 것인가?"
"그럴 수 있지요."

"아냐. 그래도 선뜻 내키지 못해요. 아이들에게 되도록이면 많은 교육혜택이 있어야 하는데 영어도 배워야 하고, 대학도 보내야 하고…."
 도시에서 아이들을 기르면서 사교육을 제대로 시키지 못하는 처지인데도 도시권 교육에서 소외당하는 것에 대한 두려움을 드러냈다.
 "여러분들이 원하는 삶의 가치를 여러분에게만 적용시킬 것인가? 아이들에게는 기존 교육, 즉 시장경제의 가치를 교육하는 것을 떨치지 못한다면 여러분들이 희망하는 삶의 가치를 진정 소망하는 것인가를 잘 살펴봐야 할 것 같아요."
 교육 문제에 대한 깊이 있는 토론은 나중에 한번 기회를 갖기로 하고 농한기 농의 가치에 대한 첫 번째 학습을 끝냈다. 세 시간의 학습은 이들에게 익숙하지 않았지만 이들이 학습과 토론을 대하는 태도는 진지했다.
 "머리에 쥐났어요."
 "아이고 3~4일 두고 책 읽느라고 평소에 안 하던 것 하니…."
 "자식들한테 공부해라 공부해라라고 말만 했지? 공부하니까 아이들 마음도 이해되지?"
 "그렇긴 하지만 아이고, 힘들어."
 "처음에는 다 힘들지. 차차 익숙해질 거야."
 공부가 끝나자 웃고 떠드는 팀원들 모습은 여학생 교실과도 같았다. 이들은 엄마가 된 뒤 자신을 위해 공부할 기회를 거의 갖지 못했다. 그저 먹고 살고 아이들 보살피는 것이 전부였다. 자신을 위해 배움의 시간을 가지는 것. 어쩌면 여기에서 보내는 몇 년이 그들에게는 스스로를 위해 더없이 소중한 기간이 될 것임을 알게 될 것이다.

소리 없는 저항의 손놀림

사람이 집을 짓는 것은 새가 둥지를 트는 것과 큰 차이가 없다. 만일 사람이 자기 손으로 집을 지어 단순하고 정직하게 식구들을 먹여 살린다면 새가 그런 일을 하면서 언제나 노래하듯이 사람도 시심이 깊어지지 않겠는가? 그러나 아! 우리는 찌르레기나 뻐꾸기처럼 다른 새의 둥지에 알을 낳고 있지 않은가?

-헨리 데이빗 소로우

농한기 학습 두 번째 시간에는 생활과 공예가 왜 필요한지 자료 학습을 하고 26일 있을 대안생리대 만들기 교육에 대비해 '왜 생리대를 직접 만들어서 써야 하는가?'에 대한 공부를 하였다. 도시 소비적 삶의 기생성을 배운 터였고 자급자족 생활을 경험하기 위해 팀원들에게 유용하며 자녀들에게도 학습효과를 줄 수 있는 것을 생각했을 때 제일 먼저 떠오른 것은 대안생리대 만들기였다. 간디가 물레를 돌리는 일을 왜 저항의 수단으로 썼는지 말하면서 대안이란 결국 저항성을 띨 수밖에 없음을 설명했다.

대안생리대 교육을 진행하는 선생님은 내 누리집 방문 손님 가운데 한 분으로 매닉이라는 아이디를 가진 피자매연대 이미영 씨였다. 그 분은 내 취지에 공감을 해서 무료강습을 하러 짧지 않은 거리와 시간, 월차까지 내어서 와 주었다.

"이거 안 새요?" 팀원들의 첫 질문이었다. "샐 수도 있지만 키퍼라는 것을 쓰면 거의 안 새요." 알록달록한 융이 펼쳐지고 이미 만들어진 샘플로 내어놓은 것을 이리저리 만지면서 호기심을 표현했다. 강사의 진행에 따라 팀원들은 재단을 하고 박음질을 하기 시작한다. 예쁘게 바느질하는 것에 전혀 자신이 없는 팀원들의 모습을 사진에 담는다. 손놀림이 예사롭지 않다. 모두 정성을 다해 바느질을 해나간다. 속도가 천차만별, 강사가 한 사람 한 사람 지도를 한다.

제일 먼저 완성을 한 이는 역시 손놀림이 빠른 2005년 반장님이다. 그리고 한 사람 한 사람 완성을 해 나간다. 시작한 지 2시간 30분이 지나자 거의 모든 팀원들이 완성을 했다. 한 곳에 모여서 직접 만든 생리대를 들고 기념사진을 찍었다. 대부분 생애 처음 자신의 몸을 위해 생리대를 만든 것이다.

"우리 딸 처음 생리하게 되면 내가 직접 만들어서 선물해야지."

엄마가 만들어서 자식에게 주는 생리대….

70년대에는 거의 모든 화장실이 집 밖에 재래식으로 있었다. 어느 날 아침, 화장실에서 소변을 보고 뒷처리를 하는데 종이에 빨간 피가 묻어 있었다. 나는 엄마를 울부짖으면서 뛰쳐나왔다. 울면서 엄마에게 엉덩이에서 피가 나왔다고 했고, 엄마는 '왔구나'라면서 태연자약하게 방 안 서랍에서 뭔가를 꺼내 주었다. 빨간 팬티와 가제 수건 같은 것으로 만든 두툼한 기저귀였다. 팬티에 조그마한 기저귀를 대고 입으라고 했다. "아픈 것이 아니라 때가 되면 하는 거야. 여자가 된 거야." 여중생이었지만 월경이라는 것을 아직 모르고 있었다.

그랬다. 중학교 때는 이렇게 가제 패드를 썼다. 저녁에 돌아오면 빨아서 부엌 빨랫줄에 널어 말렸다. 빨 때도 오빠가 볼까봐 서둘러 일을 끝내곤 하였고 어떤 때는 세숫대야에 담가 놓고 깜빡 잊어서 엄마한

테 혼나기도 했다. 그래서 월경을 하는 날이면 화장실에 앉아서 월경 신에게 기도를 올리곤 하였다. '제발 월경을 안 하게 해주세요.' 월경할 때 배가 아픈 것만이 아니라 불편하기 그지없었기 때문이다.

일회용 패드를 쓴 것은 아마도 여고시절이었던 것 같다. '후리덤'이라는 것을 약국에서 팔았다. 월경하는 날이면 여덟 살 아래인 막내에게 약국 심부름을 시켰고 그 녀석은 멋모르고 생리대를 사오곤 하였다. 막내가 그것이 무엇인지 알기 시작하면서부터는 심부름하기를 거부했다.

어떤 여성들이든 월경은 불편한 일이고, 게다가 자신이 직접 만들어서 쓰는 일은 더욱 불편하지만 익숙해지면 그리 불편한 일이 아니다. 내 나이대는 최소한 중학교 때까지는 집에서 만든 생리대를 썼고 우리의 부모 세대들은 거의 평생을 만들어서 썼던 터였다.

일회용에 익숙해진 우리들은 생리대(달거리대)를 기점으로 손수 만들어 쓰는 것에 익숙해지면서 일회용을 폐기해나갈 것이다. 그리고 주위 사람들에게 생리대 쓰기 운동을 위해 학교, 기관 등에 교육자로 나서게 될 것이다. 진정한 농의 가치는 자신만을 위해 행하는 것이 아니듯이.

'넌 일회용이야.' 이런 말을 듣기 원하는 사람이 없는 것처럼 우리는 우리 스스로 일회용이 되지 않기 위해 소리 없는 저항을 해나가기 시작한 셈이다.

손수 만든 대안생리대를 들어 보이고 있다.
우리는 어느덧 일회용품이 단순히 돈만의 문제가 아니라는 것을,
우리에게 죽음과 질병을 가져온다는 사실을 깨닫고 있지 못하고 있었다.

색부들이 색부된
안녕, 2005년

2005년 12월 30일, 농장 생활동에 옹기종기 앉아서 종무식을 했다. 어떤 신문사에서 취재하러 왔지만 개의치 않고 있는 그대로 우리의 이야기는 계속되었다.
"자 고돌이 순입니다."
"고돌이 순이?"
또 한바탕 웃으면서 얘기가 이어진다. 유녀 차례가 되어 얘기를 하는 도중에 눈물이 그렁저렁해진다.
"미안해요. 저 때문에 많이들 힘들었고, 2006년에는 저 때문에 힘들지 않게 잘 지내도록 노력할게요. 소망은…" 그녀의 남편이 간경화 말기로 병색은 악화되어가고 그녀는 앞으로 닥칠 일에 익숙해져야 하는 짐을 안고 있다. 농장에서 팀원들과 갈등이 많았던 그녀, 언제나 큰소리가 난 이유는 그녀와 부딪힘이었다. 모두 함께 일하는 집단에서 경험이 부족한 그녀였고, 아픈 남편을 두고 가정에서 풀 수 없는 스트레스를 어쩌면 일터에서 풀고 싶은 것이었는지도 모른다. 그녀의 남편은 악화되어갈 수밖에 없고, 유녀의 힘겨움은 더해지리라. 유녀도 견뎌 나가야 하고, 우리 또한 유녀의 아픔이 우리 아픔이듯이 일터에서만큼은 그 고난을 견딜 수 있는 힘을 얻는 행복한 시간이 되길 모두가 소망해본다.

그녀의 얘기를 듣고 그 다음 순서인 경숙이는 말을 잇지 못한다. 눈시울이 붉어져 있던 그녀. 참 따뜻한 친구이다. 그녀는 나와 동갑내기이다. 귤을 판매한 돈 일부로 2005년 고생한 반장님에게 상품권 선물을 드렸는데 반장님은 "팀원들이 함께 고생해서 번 돈을 제가 받을 수 없어요"라고 한사코 거절하는데 경숙이가 걸쭉한 입담으로 반장님 옷 속으로 집어넣는다. "그러니까 받아서 잘 쓰라는데 고집하네. 나이가 들면 고집만 는다는데 이제 사십대가 왜 그래?" "레디 킬!" 현순이가 충청도 억양에 '레디 큐'를 '레디 킬'로 잘못 발음했던 적이 있는데 그녀가 그것을 놓치지 않고 흉내를 내곤 한다. 같이 점심을 먹다가 행여나 똥 얘기가 나오면 "똥 먹는데 밥 얘기하지 마"라고 응수하는 그녀. 난 그녀가 해주는 부침을 무척이나 좋아한다. 보통 때는 조용하게 일을 하는 편인 그녀, 무슨 행사가 있는 날이면 어김없이 화장을 하고, 같이 노는 자리에서는 누구보다도 즐겁게 춤을 추고 노래를 부른다. 어떤 일을 할 때도 소리 없이 꼼꼼하게 일을 처리하는 그녀.

하루는 그녀가 '우리 진성이는 약을 너무 좋아해. 아무리 써도 약을 잘 먹거든' 이 말을 들은 팀원 가운데 한 사람이 농담을 던진다는 것이 '그럼 쥐약도 잘 먹겠네'라는 말을 던졌다가 '아니, 언니는 말을 해도 그런 말을 해? 언니 자식이 쥐약을 먹으면 좋겠어?' 그녀의 불같은 말에 입을 다물었다. 그녀는 반드시 짚어야 할 것에 참지 않는다. 할 말을 한다. 정도 많은 그녀. 난 그녀를 좋아하지만 내색하지 않는다.

"영농팀 가더니 얼굴이 무척이나 밝아졌어. 말도 잘하고… 정말 대단해!" 은광이. 39살이 되는 그녀, 내가 그녀를 처음 본 건 사무실 밖

길가에서 쭈뼛쭈뼛 한 시간 정도를 서 있는 모습이었다. 정신지체장애 정도를 가졌을 것이라는 추측을 하면서 지나쳐 사무실에 들어왔다. 그녀가 영농사업팀에서 실습할 친구라는 것을 뒤늦게 알았는데 말이 어눌했다. 얼핏 보면 중고생의 모습과 얼굴, 언행이다.

중1의 딸아이를 데리고 부모와 함께 사는 그녀의 동네는 산동네이고 둘레에는 공장이 즐비하다. 아버지는 암 투병 중이고, 그녀는 그런 집에 얹혀 지낸다. 멋모르고 결혼해서 3개월 만에 이혼하고 아이를 데리고 부모 집으로 들어왔다. 부모는 어리숙한 그녀를 보호해야 한다는 생각을 가지고 있지만 지금은 경제적 어려움으로 오히려 몇 푼 안 되는 그녀의 월급으로 생계를 꾸려나가고 있는 셈이다. 수 년 동안 방 안에 불을 지펴 본 적이 없이 한겨울에도 전기장판으로만 지낸다는 그녀의 얘기. 안쓰럽지만 그녀의 딸이나 그녀도 추위에 강한 체력을 가지고 있다.

은광이와 나

"머리 쓰는 일은 안 시켰으면 좋겠어요. 몸으로 때울 게요." "그럼 은광이 혼자 일하면 되겠네. 우리는 머리로 하고…." 모두 한바탕 웃는다. 독서광인 그녀, 어릴 때부터 친구가 없어서 어떤 책이든 닥치는 대로 읽었다는 그녀는 우리 팀 인터넷카페에 매일 빠져서 산다. "집에 가면 별로 할 게 없어요. 소영이한테 인터넷 가르쳐 달라고 해서… 재밌어요." 그녀는 집에 돌아가면 카페에 들락날락하며 인터넷 취미를 붙이고 지낸다. 노래도 곧잘 부르는 그녀는 노래방을 좋아한다. 송년회 경품 추첨에서 1등상인 자전거를 타서 배달해주려고 하니 집에 들어가면 나올 수 없다고 하면서 자전거를 나에게 맡겨놓고 팀원들과 노래방으로 달려갔다.

"엄마! 나도 한 아이의 엄마예요. 나에게 엄마 대우 좀 해주세요"라고 그녀의 엄마에게 애원했다고 하지만 출입통제를 엄격하게 하는 부모로부터 빠져나오기란 그리 쉽지 않은 듯하다. 시흥을 벗어나본 적이 없다는 그녀. 지난 번 서울에 연극을 보러 갔을 때도 지하철을 처음 타본다고 한다. 시흥을 벗어나서 하룻밤 자고 오는 것이 바람이라고 하는 그녀의 소망을 2006년도에는 기필코 실현시켜 줘야겠다.

가장 열심히 자기계발을 하려고 하는 정숙이, 막내다. 분단장을 하니 나이가 들어 보인다. "넌 분단장하지 말아라. 나이가 들어 보인다." "팀장님 미워. 예쁘다고 하지는 않고…." 세 아이의 엄마. 그녀의 큰 딸이 엄마를 대신해서 세 살배기 막내를 돌본다. 힘든 일도 억척스럽게 해내는 그녀는 막내라는 이유로 팀원들의 잔심부름도 한다. "누가 막내 다음이지?" 점심을 먹고 난 뒤 커피 심부름을 시키고 싶어서 막내타령을 하고 있으니까 정 반장님이 '팀장님이 커피 심부름시키려고

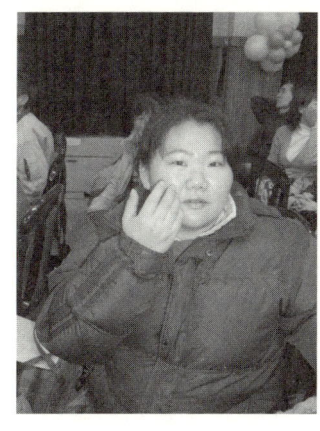

예쁘게 분단장을 한 막내 정숙이

그러는 건데 참 언니는 눈치도 없게 들어온 순서 막내가 아닌데… 호호' 한다. "아이고, 알았어요. 내가 할게." 막내는 그 육중한 몸을 일으킨다.

"너 살 좀 빼라. 아이들 장래를 생각해서. 비만은 만 가지 고통이야, 짜식아." "맨날 나만 갖고 그래. 팀장님 잔소리 때문에 찌는 스트레스 살이예요." 하하, 호호, 헐헐…. 세 아이의 엄마인 막내는 나에게도 막내처럼 보인다. 2개월 동안 전산사무과정을 마치고 수료증을 받았다고 기뻐하는 그녀는 어느새 세무회계과정을 배우고 싶다고 한다. 예쁘다. 아이들 키우랴, 일하랴, 저녁에 배우랴… 만만치 않겠지만 그녀는 얼마든지 할 수 있을 거란 생각이 들었다.

"아이고, 손톱에 매니큐어까지 칠했네!" 송년회 행사라고 손톱에 빨간 매니큐어까지 칠하고 눈썹에 반짝이 힘까지 준 그녀의 모습을 보니 정말 무슨 날이긴 날인가보다. 90% 지지율로 신임반장이 된 그녀는 반장이 되고 난 뒤부터 부쩍 달라졌다. 궂은 일도 마다않고 스스로 하고, 영업도 알아서 착착 해낸다. 모두 그녀를 주목하고 있다. 그녀가 잘 해낼 것이라는 것만이 아니라 영농사업단 전망의 기초를 마련하는데 그녀의 역할은 매우 중요하기 때문이다.

"내가 그림을 그리면 그것을 채워나가는 것은 여러분들이에요. 나만 좇 나오면 안 되잖아." 평소 내 말투가 취재기자가 있어도 아랑곳없다. 그림을 그리면 덧칠을 하고 벽돌을 채우는 일. 그런 부담을 갖고 시작하는 반장의 일이 그리 만만치는 않겠지만 그녀는 참으로 든든한 편이다. 그녀는 팀원들의 관계갈등에 조정 역할을 잘 하기 때문이다. 팀원들의 이익을 위해서라면 앞으로 나서는 일을 마다하지 않을 친구이기에 더욱 그러하다.

도순이와 해란이, 단짝이다. 둘은 맡은 일을 뚝딱뚝딱 잘 해치운다. 열성적이기도 하고, 지금 우리 영농팀의 버팀목들이기도 하다. 도순이는 귀농을 일찍이 꿈꿔 왔던 터이고 해란이는 가능하면 그렇게 살고 싶다고 한다. 해란이는 구수한 입담을 가졌다.

"2006년도에는 제발 한 옥타브 내려라." 그녀는 관계를 풀어나가는 요령을 잘 안다. 도순이와 해란이는 술친구이기도 하다. 그래서 팀원 가운데 나와 가장 많이 어울려 다니기도 한 셈이다.

"쟤가 안 할거야?"

도순이

"딸아이가 재가하는 것을 싫어하는 것 같아서…."
"그럼 6년 정도 기다리라고 해."
 남양주를 다녀오면서 처음으로 그녀 자신의 얘기를 나누었다. 혼자 딸아이 하나를 키우면서 서로 의지하며 살아가는 모녀. 다행스럽게도 생각하는 남자친구가 있는 듯하다. 사랑한다면 6년을 기다리지 못하겠는가가 내 지론이기도 하다.

 한여름, 같이 일주일을 살았던 현순이. 그녀 얼굴을 보면 참으로 고달픈 삶의 궤적이 보인다. 충청도 사투리에 얼굴도 촌스럽게 생긴 그녀. 그녀가 웃고 사람들과 어울리고 또 수많은 사람들 앞에 나서기 시작했다. 장구연습을 하라고 등 떠밀어 내보내고, 보수적인 남편에게 전화해서 허락을 받아내고, 팀원들과 어울리느라 늦게 들어가는 날이면 어김없이 남편으로부터 전화가 오기도 했던 그녀. 마침내 그녀의 내재적 열정들이 속속 드러나기 시작했다. 37년 동안 잠복해 있던 끼. 두 달 동안 열심히 장구연습을 해서 공연을 하게 되었고 팀 장기자랑에 몰래 일주일 동안 집에서 만든 의상을 입고 수많은 사람들 앞에서 춤을 추고 있는 그녀. 난 그녀의 모습이 한없이 자랑스러웠다. 팀원들 모두 그녀가 변한 모습에 경이를 느끼고 있었다.
 농장에서 일을 할 때 가장 익숙하게 호미질을 하고 작업복이 가장 잘 어울리는 그녀. 세상 밖으로 나오면서 그녀의 문화적 끼를 유감없이 드러내고 있었다. 비단 그것만이 아니었다. 여기에 있는 동안 모두 운전면허를 따기로 약속한 다음날에 운전면허 수험서를 제일 먼저 사와 내어놓았다. "제발 공부 같은 거 시키지 말아요. 머리 아파 죽겠시유." 읽기, 쓰기에 자신없어했던 그녀는 공부에 대한 열의까지 보이기 시작했다. 폭발적이다.

요즘 그녀는 누가 시키지도 않았는데 발 닿는 곳마다 영업을 하고 다닌다. 식당에서 밥을 먹다가도 식당 주인에게 귤을 팔지 않나, 쌈채소 얘기를 하지 않나 늘 적극적으로 바뀌었다. 그녀의 한숨만 들었던 몇 달, 이제는 그녀의 한숨소리를 거의 듣지 못한다.

"난 여기가 좋아유. 내 생애 최고 행복해유!"

왼쪽에 현순이, 오른쪽에 은광이, 선재도에 놀러가서 한 컷

팀원들 모두가 하나되어 공연을 하고, 박수를 받았던 날. 예쁘게 분단장을 한 그녀들. 누가 농장에서 억척스럽게 일하는 농사꾼이라고 생각하겠는가? 도시에 사는 여느 아줌마들이 외출하는 모습 그대로이지만 그녀들의 머리와 가슴은 이제 농사꾼이라는 것을 부끄럽게 생각

하지 않는다. 당장은 몇 푼으로 먹고 사는 힘겨운 일이지만 그녀의 일이 자신만을 위하는 일만이 아니라는 것을 알아가고 있기 때문이다.
"친구들이 처음에는 제가 하는 말에 귀 기울이지도 않았어요. 텔레비전에서 환경이니 유기농이니 하는 것들이 많이 나오니까, 네 말이 맞다 하면서 제 얘기에 귀를 기울이더라구요."
어느덧 친구들 사이에서 가장 선도적인 생각을 전달해주는 역할을 하고 있다는 팀원의 말 속에 자랑스러움이 드러나고 있었다.

"올해 무농약 한다고 너무 힘들게 일을 했어요. 2006년에는 덜 힘들었으면 좋겠어요." 모두 한결같은 말이다. 말은 그렇게들 하지만 그들은 또 농번기가 되면 뙤약볕에서 힘들게 일을 하게 될 것이다.

2005년, 색부(농부의 또 다른 말)가 된 첫 해. 색부가 되었고 색부가 되어가고 있는 그녀들. 그녀들 가정이 평안하고 행복하길 간절히 바란다. 아픈 눈물 대신 기쁜 눈물이 있기를….

끝은 시작에 물리고

"여기에서 일하는 동안 모두 운전면허를 따기로 합시다."

모두 약속을 한 다음 날, 현순이는 서점에서 운전면허학과시험지를 사왔다. 시험공부를 오래 전에 놓은 아줌마들이라 학과시험이 그리 쉽지 않을 것이라는 판단에 학과시험 학습 방법을 한 시간 정도 알려주고 각기 공부를 하기로 했다. 학과시험 공부를 한 일주일, 첫 주에는 한 명이 합격하고, 둘째 주에는 또 한 명이 합격하고, 셋째 주에 또 한 명이 합격했다. 이렇게 세 명이 학과시험에 합격하고 지금은 기능시험을 대비한 운전연습을 하고 있다. 이런 엄마의 모습이 그녀들의 아이들에게도 분명히 학습 효과를 주었을 것이다.

감귤 유통도 초보적 차원에서 해보았다. 제주도의 전환기 유기농 감귤 150상자를 받아서 1상자 20,000원에 팔았다. 중간 상인이라고도 할 수 없을 정도로 이윤이 거의 없는 저렴한 가격이었다. 이것 또한 농한기의 학습 가운데 하나다. 마지막에 온 귤 때문에 약간의 논란이 있었다.

"팀장님, 이 귤 팔 수가 없어요. 오래된 것 같아요. 껍질이 마르고 점도 더 많아졌고 심지어 무르기까지 하는데요."

귤을 미리 뜯어 본 영업부장이 귤을 내보이며 항의한다.

"확인해보았지만 상온에서 며칠 있었다고는 하지만 지난 번 귤과 같다고 하던데."
"아닐 거예요. 이건 오래된 귤이라구요."
"우리는 농사꾼이야. 그 양반이 거짓말을 했다고 할 수 없어. 중간 유통과정에서 어떤 변질이 있는지는 모르겠지만 중요한 건 신뢰야. 맛을 보게나. 맛도 문제가 있나? 우리는 겉모양으로 상품의 질을 판단해서는 안 된다고 누누이 강조했지 않은가? 첫째는 농민에 대한 신뢰이고 두 번째는 모양으로 판단하는 그런 일은 없어야 해."
농사꾼인 우리, 우리가 농민을 신뢰하지 않고 우리가 그 상품의 질을 가늠하지 않고 누가 하겠는가?
"반품 들어오면 그냥 돈은 돌려줘, 귤은 먹으라고 하고. 왜냐하면 맛은 아무 이상이 없기 때문이야. 그리고 소비자들에게 미리 말해줘, 겉모양이 안 좋지만… 더구나 가격도 한 상자에 20,000원이야. 일반 관행농 귤도 20,000원인데. 그리고 광택제를 뿌리는 폐해도 알려주고… 귤껍질을 이용할 수 있다는 것만으로도 무척이나 저렴한 게야."
결국 강행된 판매에서 반품이나 항의 하나 없었다. 그리고 우리에게는 농한기 귤 판매로 40여만 원의 품값을 벌었다. 별 거 아니겠지만 우리는 이 돈을 유용하게 쓸 수 있게 된 것이다. 이렇게 초보적 유통을 하면서 중간상인의 역할이 무엇인지, 농민의 마음이 또 무엇인지, 소비자에게 우리는 무엇을 어떻게 설득할 것인지를 학습하게 되었다.

"이제 슬슬 몸 좀 풉시다." 2월이면 씨앗을 뿌려야 하기에 하우스 밭 만들기를 시작했다. 지난해는 하우스 창과 밭 사이에 배수로를 만들지 않아 빗물 피해가 있었다. 모두 삽과 곡괭이로 밭을 다시 만들기 시작했다. 줄을 대고 삐뚤지 않게 선을 만들고, 밭이랑을 만든다.

오랜만에 삽질을 하니 온몸이 뻐근해 다음 날 파스 냄새가 진동을 한다. 새 반장과 생산부장이 작업지시를 한다. 작업지시에 일사분란하게 움직이기도 하지만 내가 소위 '노인네'라고 일컫는 팀원들이 나름대로 작업을 했던 모양이다. "어떤 것이 맞아요?" 생산부장이 나를 이끌고 하우스로 데려간다. 이왕이면 빗물이 바깥에서 새어 들어오지 말아야지. "뭐 치명적이지는 않은데 이왕이면 이렇게 하지." 생산부장은 내 확인에 힘을 얻어 '노인네'에게 작업 지시대로 하라고 하는가보다. 그들에게 맡길 일이다. 집단영농이란 이런 것이다. 서로 의견을 맞추고 그대로 행해야 하는데 의견이 맞지 않을 때가 있고, 작업 지시

보은에서 싣고 온 유기계분을 삽으로 퍼 내리고 있는 여성 팀원들, 한 해 농사를 준비하는 밑거름이다.

대로 하지 않을 때도 있다. 가끔 마뜩하지 않은 일이 생기지만 팀원들 내부에서 조율해야 한다. 나는 최소한의 개입만 하는 것을 원칙으로 한다. "부서장들이 전권을 가지고 해결하도록 해. 일일이 나에게 판단을 맡기지 말고." 집단영농, 정말 어려운 일이다. 팀원들 사이에 보이지 않은 갈등들이 내재되어 일에 영향을 끼칠 수밖에 없다. 그러나 그런 것들은 그들 스스로 조율해나가야 한다. 불가피한 경우에만 내가 나선다.

"씨뿌리기도 준비해야 하고, 조금씩 바빠지니까 이번 주에 소래산에나 올라갑시다."
"와~ 좋아요!"
'2006 영농 결의대회', '극기훈련', '야유회' 이런저런 수식어구를 붙이고 기온이 가장 밑으로 떨어진 날, 모두 환하게 소래산에 오른다. 그리 높지 않은 뒷산이지만 명산이다. 내가 종종 오르는 산이기도 하고 가능하면 매일 아침 운동과 명상 삼아 오르고 싶은 산이다. "나 밑에서 기둘릴래요"라고 했던 현순이도 별 탈 없이 오른다. 뚱뚱한 막내도 끙끙거리면서 오른다. 굽이 있는 운동화를 신은 반장은 무릎이 아프다고 궁시렁대면서 오른다. '노인네'들은 앞장서서 오른다. 역시 건강하고 힘이 좋다. 정상에 오르니 인천과 광명, 시흥시 전체가 환하게 내다보인다. 산들 사이에, 도로 사이에 아파트들이 우후죽순 솟아 있다. 아직도 한국에는 조그마한 산들이 많다. 아직은 숨 쉴만하다. 개발로 저 산들이 또 언제 사라질지 모르지만.

2006년도 재배계획을 최종 확정했다. 재배 종목과 평수, 예상 수확량, 예상 매출액 등. 다음 주에는 생협과 판매거점 단체들과 연대를 위한 구체적인 협의에 들어가야 한다. 리플렛도 만들어서 회원들과 지역주민들에게 돌려야 한다. 그리고 브랜드명 공모 상금 3만원을 걸었다. 15일, 데드라인이다. 처음으로 영농 유니폼(작업복)도 구입하기로 했다. 브랜드명이 확정되면 단체복을 맞출 예정이다. 올해는 평당 일 만 원 수익을 올리겠다는 목표를 확정하면서, 힘겹지만 기쁨이 기대되는 2006년 영농을 시작한다.

이제 팀원들은 물질적 기반을 마련해야 한다. 그래서 가능한 토지도 확대해야 한다. 국유지, 시유지부터 값싼 임대료를 지불하는 장기 임대 토지까지. 벌써 800평 논을 쓰라는 사람이 생겼다. 올해 800평이 하나 더 생겼다. 하반기에는 새로운 농 사업 하나를 더 벌일 예정이다. 아직은 아이템 수준이다. 그리고 이곳 시흥에서 친환경농업을 확대하는 것 또한 우리 몫이다.

이제 농한기는 끝났다. 다시 영농일기가 시작된다.

소래산 최정상에서

선무당이 사람 잡겠지

"선생님 강의에 감동받아 우리도 올해는 무농약 농사 하려고 이렇게 왔어요." 농장에 여덟 명의 사람들이 몰려들었다. 지난 12월에 강의를 들었던 사람들이다. 1시간 30분 정도 예정된 강의 시간임에도 쉬지 않고 3시간 이상을 하였던 기억이 난다. 강의가 끝나고 거의 모든 사람들이 만족스런 표정과 인사를 하였던 터였고 어떤 분은 직업을 잘못 선택했다고, 농사보다 강의하러 다니라는 말까지 건넸다.

농사 경력 1년. 실제로 지난 해 5월부터이니까 햇수로 1년이다. 채 1년도 안 되는 농사경력으로 강의를 하고 다니니 참으로 희한한 일이다. 물론 지난해 강의를 한 여러 곳은 농사기술이 아니라 '왜 우리가 친환경 농사를 해야 하는가?'이며, 농사를 짓지 않는 소비자에게는 '왜 친환경농산물을 먹어야 하는가?'에 대한 것이었다. 단순히 생산과 소비자들 사이에 웰빙을 부르짖은 것도 아니고 사회역사적인 고찰부터 우리 삶의 가치와 지금의 문제들까지 엉켜있는 실타래를 풀고 거미줄의 이음새들을 종횡무진했던 것 같다. 지난 해 강의를 했던 곳은 목적을 달성한 셈이다. 모두 무농약 농사를 하겠다고 나서거나, 모양 관계 없이 친환경 농산물을 먹고 있으니 말이다. 왕초보의 무식한 농사라고 하지만 지난 주 하동에서 베테랑 농사꾼들이 모인 무농약 대토론회에서 우리의 고추농사 이야기를 듣고 '우리도 고추농사는 해마다 실패했는데…'하면서 너도나도 배우러 오시겠다는 것을 보면 우리도 우리 나름의 노하우가 생겼다는 생각이 든다.

"노하우가 뭐지요?"

"역시 고추는 여성을 좋아하데요."

"또 다른 노하우는요?"

"정성입니다. 사람들이 많으니 꼼꼼하게 일을 할 수가 있지요."

아마 이것이 명답이었을 것이다. 몇 천 평부터 몇 만 평에 이르기까지 한두 사람이 농사를 지으면서 가끔 사람들을 쓰는 것과 다른 점은 바로 여기에 있었다.

"친환경 농업의 규모화는 지금 농림부가 하는 말로는 되지 않습니다. 또 다른 관행입니다. 친환경 농업의 규모화는 노동력의 집중화로 해결할 수 있습니다."

이것이 내가 내린 답이었다.

오늘 우리 농장을 방문한 사람들, 이들은 올해 무농약으로 농사를 지어보겠다는 의지를 가지고 현장 교육을 받겠다고 찾아왔으니 이제 농사 기술을 가르쳐야 했다. 점심 식사 즈음에 내가 도착했을 때는 생산부장과 반장님이 이들을 데리고 농장과 자재 창고 등을 둘러보면서 이것저것 설명을 하고 있었다. 같이 점심을 먹고 난 뒤 팀원들에게 미생물 증식 배양을 위한 준비를 하게하고 나는 토양관리와 식물생리에 대한 기본 설명을 하였다. 예전에 강의를 듣던 그 모습 그대로 열심히 적어가면서 듣고 있었다. 30분 초스피드의 강의가 끝나고 개판인 토양을 덜 개판으로 만들기 위한 당장의 과제와 식물영양주기에 맞춘

자재를 만들기 위해 생활동으로 갔다.

토착미생물 원종을 증식 배양하는 과정을 보여주기 시작했다. 사실 오늘 처음 해보는 일이었다. 150리터 용기에 120리터의 물을 담아서 지난 해 샀던 기포 발생기를 넣었다. 왜 기포 발생기를 넣어야 하는가 설명하면서 식물 뿌리와 흙 속의 호기성, 염기성 미생물에 대해 이야기했다. 거기에 오늘 산 자동히터 장치를 걸어놓으며 미생물이 번식하기 좋은 온도에 대한 설명을 곁들였다. 그리고 쌀겨 5kg를 양파자루에 담고 흑설탕 5kg을 넣어 희석했다. 쌀겨와 흑설탕이 필요한 이유를 설명하고 토착미생물 원종 네 숟가락을 넣으며, 토착미생물을 만드는 방법까지 곁들였다. 왜 우리가 토착미생물을 만들어 써야 하는지 설명과 곁들여 흙에 바로 섞어 배양할 수 있는 부엽토의 원리를 덧붙였다. 그들은 열심히 메모를 해가면서 만들어진 것을 보고 서로 얘기들을 나눈다.

다음에는 모아놓은 계란껍질로 계란칼슘 만드는 것을 한 팀원이 보여줬고, 교육을 받으러 온 한 사람이 이어서 볶고 빻게 했다. 볶고 잘게 빻는 이유는 수분을 없애는 것과 식초에 분해가 잘 되기 위함이라는 것도 잊지 않고 설명해주었다.

교육을 마치고 팀원들과 둘러앉아 작목계획을 하기 위한 주의사항, 체험담 등을 주고받았다. 내일도 오기로 한 그들 앞에서 "박 반장, 내일은 교육이라는 미명하에 빡세게 일을 시키라구, 밭도 갈게 하구." 농담처럼 건넨 말이었지만 두 사람의 남자가 있기에 힘 있는 일을 같이 하기에는 더없이 좋은 기회이다. 모두 웃으며, "그렇게 하지요. 교육을 받는데 시키는 대로 다 배워가야겠네요."

비가 오지 않으면 부엽토를 모으러 가기로 했다. 가능한 많은 사람

미생물 액비 만드는 방법을 시연하고 있다.

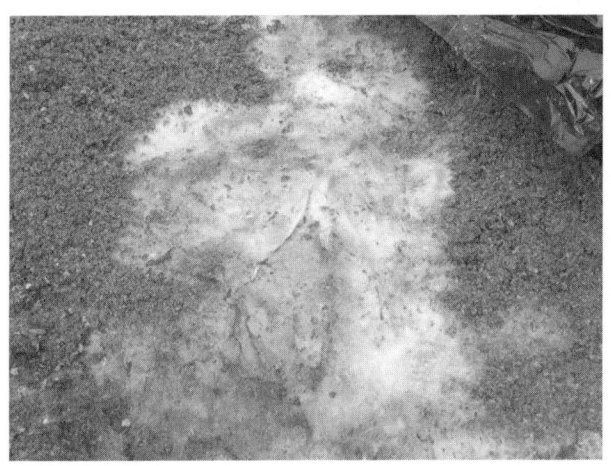

쌀겨로 속성 발효를 시켜 균사를 만드는 과정,
60% 수분과 온도 5~60도 유지가 가장 좋은 발효요건이다.

들이 가면 부엽토를 많이 모을 수 있기 때문이기도 하며, 내가 말한 부엽토에 대한 것들을 실험할 수 있기 때문이다. 말로 들은 것은 반드시 자기 실험을 해야 한다. "하얀 균사 덩어리는 따로 가져오라구. 가져와서 별도로 배양하게."

그들이 떠나고 팀원들과 둘러앉아 회의 아닌 회의를 하였다. 내일 내가 없이 팀원들이 진행해야 하는 것들, 다음 주 화요일 5명의 실습생 교육에 대한 것, 팀원들 각각에게 할당된 미생물 채취 방법 실험 등을 얘기했다.

"우리 벼농사 지어요?"
"응. 한 800평 정도?"
카페에 올려놓은 짧은 글을 누군가 보았던 모양이다.
"뭐, 미나리도 하고 쌀농사도 짓고."
"정말요? 우리 벼농사도 지어요?"
"응. 벼농사도 지어봐야지."
"와~ 별의 별 것 다 하네."
좋아서 탄성을 지르는 것이 아니라 일거리가 늘어난다는 것에 대한 한숨인 듯했다. 또 한 팀원은 "아이고 거머리…." 벌써 난리다. "맨날 피 뽑겠네"부터 "체험단 많이 만들어서 일 시켜야겠네" 한 마디씩 내어놓는다. "아직 논을 안 봤어. 보고 뭘 할 것인지를 정해야지. 지레 겁먹지 마." 땅을 하나 더 얻어서 기쁜 내가 있다면 이들은 아직은 일거리가 늘어난다는 걱정이 앞서는 모양이다.

지난 주말에는 농사관련 책 세 권을 읽었다. 초보 딱지는 여전히 유효하다. 올해는 특히 배우러 오는 사람들이 많을 게다. 지난해는 배우러 가거나 초빙을 하면서 교육을 받았다면 올해는 그 교육과 한 해의 체험을 바탕으로 자기 것으로 만들어야 한다. 오늘처럼 배우러 오겠다는 사람들에게 가치만 얘기할 수 없다. 현장교육을 통해 아주 구체적인 경험을 하게 해야 한다.

올해 농사는 이렇게 속성퇴비 만들기, 미생물 증식시키기, 부족한 영양자재 만들기, 부엽토 채취 등 우리만이 아닌 교육을 받는 외부 사람들과 함께 시작되었다. 가르치는 입장이 되었을 때 확실히 배운다는 말은 틀린 말이 아닐 게다. 올해 우리 팀원들 한 사람 한 사람을 현장 교육자로 만들겠다는 내 소망은 실현 가능할 게다.

'멋모르고 지시대로 따랐던 지난 해, 이제야 알아가면서 확실히 배우는 2년차가 되겠지. 3년째는 자기 머리로 생각하면서 해나가겠지.'

농은 천리안을 준다네

 2월 중반부터 내내 밭에 들어갈 거름을 만들고 있다. 지난겨울을 보내면서 쌀겨 몇 포와 계분퇴비 그리고 농협퇴비 350포가 전부인 상황에서 올해 쓸 거름을 속성으로 만드느라 2월을 보내고 있다. 땅이 척박한 우리 농장에서 거름은 무엇보다도 중요하다. 특히 농협퇴비의 유기질 함량이 현저히 떨어지기 때문에 질 좋은 자재를 준비해두어야 한다.
 고추밭에 고춧대를 태운 재를 따로 모아두었다. 속성퇴비를 만들 때 고춧대를 태운 잔재를 여러 자재와 함께 섞으면 재의 효과를 볼 수 있기 때문이다. 고추밭에 지난해 쓰고 남은 농협퇴비를 뿌렸다. 150포를 가져다 밭에 뿌리느라 힘들었다. 자재창고에 쌓아둔 퇴비를 모두 쓰니 자재창고가 휑해졌다.
 남자 실습생 두 명이 온 덕택에 큰 도움이 되었다. 쉴 새도 없이 자재창고에 애물단지로 남아있던 쌀겨깻묵 액비를 끄집어냈다. 지난여름에 쌀겨깻묵으로만 남은 혐기성 액비를 담갔지만 발효가 제대로 되지도 않았을 뿐더러 엄청난 구더기 시체들과 구더기가 번데기가 되어 얼어붙어 있었다. 이 냄새는 결코 향기롭지 않다.
 잘 발효된 냄새와 발효가 제대로 되지 않은 냄새는 천지차이다. 처음으로 만들었던 쌀겨깻묵 액비는 이렇게 만드는 것이 아니라는 학습 효과가 된 셈. 물과 섞어 만든 쌀겨깻묵 액비는 혐기성 미생물조차도 잘 번식할 수 있는 여건이 되지 못한 셈이다. 실패한 액비는 배춧잎 퇴비 속으로 들어간다. 냄새가 참아내기 어려울 정도로 심하다.

실습생들은 그래도 참아내고 한다. 생활동에서는 점심 준비하고 다른 사람들은 자루를 끄집어내고 또 다른 이들은 액비통을 들고 밭에 뿌리고 있다. 농장에는 말할 것도 없고 저 앞에 식당에서도 사람들이 냄새를 맡을 터인데 누가 뭐라고 하러 나오지는 않는다.

"저 앞에 아파트 사람들이 항의하지 않을까요?"

"아니 그런 적도 없고, 이렇게 심한 냄새도 그렇게 자주 있는 것도 아닙니다."

남자 실습생 두 사람이 발효가 제대로 되지 않은 깻묵 액비를 땅에 뿌리고 있다.

"예배당에 냄새가 가득하지만… 뭐 어쩌겠습니까? 먹을거리 농사를 짓는데 필요한 냄새인데."

며칠 전 옆 교회 목사님과 얘기를 나누다가 "냄새 견딜만 하지요?!"라는 질문에 목사님은 '어쩔 수'론으로 응대하였다. 2주가 된 일이지만 지금도 농장 곁에 가면 이 냄새가 진동을 한다. 우리는 익숙해질 수밖에 없다. 발효가 잘 되기까지 견딜 수 있는 냄새가 있을 수도 있지만 이 액비는 공기를 통해 날아가고, 비와 눈 등으로 땅과 희석되어 냄새가 사라지게 될 것이다. 좋은 냄새를 줄 수 있는 것도 우리 농사법에서 중요한 것이라는 생각이 든다.

발효가 잘 되는 과정을 만드는 것도 중요하다. 생활동에서 미생물을 배양하는 냄새, 하우스에서 배양하는 냄새는 술 향이 난다. 효소들도 그렇다. 잘 발효되고 있는 계분도 그렇고. 일 년 지난 농협퇴비도 그렇다. 미생물을 잘 활용하면 잘 숙성되는 과정까지 코 막는 냄새는 아주 잠깐일 뿐이다.

부엽토에는 매우 향기로운 흙냄새가 난다. 부엽토가 되기 전까지도 그리 나쁜 냄새가 나지 않는다. 적당한 온도, 수분 그리고 미생물들이 조화를 이루어 낙엽을 잘 부식시키기 때문이다. 미숙한 사람과 성숙한 사람의 향이 다르듯이.

발효가 잘 진행되도록 쌀겨를 골고루 뿌려주고 적당한 수분을 만들어주어야 한다.

안산-시흥간 도로 공사 확정으로 벌목을 하고 있는 현장을 포착했다. 벌목 현장에 사람은 없다. 벌써 세 번째나 갔지만 벌목이 중단되어 있다. 부엽토 채취를 하기에는 최고의 장소를 발견한 셈이다. 지난해 갔던 숲에서 부엽토를 얻으려면 또 몇 해가 지나야 할 것이므로.

한 사람씩 한 나무 아래에 영역을 설정하고 부엽토를 긁어낸다. 많이 나오는 곳은 두 자루 정도 나온다. 부엽토는 농협퇴비와 쌀겨 등 증식 배양하는 곳에 쓰기도 하고 바로 하우스 흙과 섞기도 한다. 오늘까지 자루로 계산하면 2톤은 가져온 것 같다.

이 벌목 장소가 한 몫을 하고 있지만 언제 이 산이 없어질지. 부엽토를 모으면서 도로 공사 구간인지 확인을 해야겠다는 생각이 든다. 이 산을 지켜야 하는 것은 부엽토를 얻기 위한 것이 아니라 계속 산이

쌀겨와 부엽토 한방찌꺼기를 가지고 퇴비를 만들고 있는 팀원들

깎여나가고 주택지로 개발되는 것을 막는데 동참해야 하기 때문이다. 주택 개발은 주택이 부족해서가 아니라 부동산 투기를 위한 것이기 때문이다. 밀려나가는 사람들은 계속 밀려나갈 뿐 아파트가 들어선다고 우리 팀원과 같은 사람들에게 집이 생기는 것은 아니다.

채취해온 부엽토와 쌀겨 그리고 미생물 중식배양액으로 수분을 맞추어 가며 쌀겨 중식분을 만든다. 떡을 만드는 손놀림처럼 버무리는 손놀림이 빠르고 능숙하다.

남아 있는 보온덮개가 없어 울며 겨자 먹기로 새 것을 샀다. 시간 날 때 보온덮개를 주우러 돌아다녀야겠다. 한가로운 날, 사방 20분 거리를 돌아다니면 보온덮개도 나오고 덮개로 이용할 비닐도 주울 수 있다. 물통도 보아둔 곳이 있는데 정신없는 일상에 깜빡 잊어버리기 일쑤다. 남들이 버린 물건을 주워서 쓸 수 있는데, 돈을 주고 사서 쓸 때면 정말 마음이 쓰리다.

부엽토를 많이 긁어오니 마음이 뿌듯하지만 이렇게 힘들게 만들어진 땅이 여러 해 뒤에는 또 개발될 땅으로 돌아갈 것을 생각하니 우리가 농사를 잘 짓는 것만이 아니라 진정 농을 살리기 위해서라도 생태환경을 보호하는 일에 적극 나서지 않을 수 없다는 것을 몸으로 또 한 번 체득하게 된다.

농이란 세대적 생명에 긴 안목을 주는 일이다.

가난한 사람들이
가난을 벗어나려는 농

꽃샘추위가 잦아들고 봄햇살이 앉아 있는 밭을 바라본다. 예전에는 '남자는 하늘, 여자는 땅'이라는 말을 들으면 발끈했지만 이제는 그 말이 좋다. 개구리가 깨어난다는 경칩이 되자 추위의 보호막이었던 땅은 연초록의 풀들을 내어놓는다. 겨울잠을 자던 풀들이 이불을 걷어차고 얼굴을 쑤욱 내밀었다.

일년생, 이년생 냉이가, 어린 쑥들이 세상으로 나와 봄볕을 쏘이고 있다. 지난해 가을, 땅이 척박해 더 이상 자라지 못해 수확하지 않고 버려두었던 쪽파들이 얼어붙어 죽었던 것이 아니었나보다. 파들이 쑤욱 자라고 있다. 삽과 곡괭이질에 잘려 죽었다고 생각했던 어성초가 밭갈이 된 밭에 듬성듬성 탐스럽게 나와 있다.

"이제 꽃샘추위도 끝났고 우리도 여유롭던 몸들을 바삐 움직이는 농번기일세." 농장 퇴비장에는 두 사람이 발효되고 있는 계분을 한 번 더 뒤엎어 주고 있고 나머지 사람들은 20kg 퇴비를 안아들고 밭에 뿌리고 있다. 어미가 아이를 안고 있는 것처럼 익숙한 몸놀림이다. 이들 가운데 어느 누구도 발효되지 않은 똥거름을 내고, 발효되어 가는 똥을 손으로 만지며 밥 익는 냄새로 느끼는 후각을 갖게 되리라고는 상상하지 못했다.

낮에는 시장에 가 찬거리를 사고, 가족을 위해 밥을 짓고 학교 간

아이들을 기다리거나 문화센터에 가서 수영도 하는 여염집 여인네들처럼 살고 싶었다. 어쩌면 이들이 희망했던 삶들은 애초부터 환상이었는지도, 아니면 순간의 꿈이었는지도 모른다. 우리 어머니 세대, 밭에서 일할 뿐만 아니라 남편과 자식을 위해 집안일을 하고, 자식 교육비를 마련하기 위해 품팔이로 나서기도 하는 힘겨운 일상의 노동과 지긋지긋한 가난을 벗어나고 싶었던 농사꾼 아내의 삶. 그래서 자식에게는 대물림하고 싶지 않아 농사꾼이 아닌 도회지 남자들에게 시집을 보내고 싶었던 엄마들의 간절함은 아이러니컬하게도 그리도 벗어나고픈 농사가 딸자식의 일이 되어 돌아오리라고 생각하지 않았다.

"우리는 처음에는 꽃을 꺾을 줄 알았지, 똥거름 내며 농사를 지으리라고는 꿈에도 생각하지 않았어요."

여기서 우리와 함께 농사를 짓기 전까지 품팔이, 행상도 해보았고, 공사판에서 허드렛일도 했던 친구는 이렇게 말을 하곤 한다. 39살 된

한 친구 또한 농장에서 일하고 나서부터 어떻게 살아가야 하는 지를 배우고 있다며 행복해한다. 세대적 대물림으로 여기까지 온 친구들, 신용불량자가 되어 쫓기듯 온 사람들, 여성 가장이 되어 먹고 살아가는 방법으로 어쩔 수 없이 택하게 된 사람들. 아예 경주마가 되기 위한 훈련조차 받을 수 없는 집안에서 태어났거나, 경주마가 되었지만 별로 주목받지 못하여 레일을 벗어났거나, 경주마가 되었지만 다리가 잘려 생존의 벼랑으로 몰린 이들이 모인 곳이 우리 〈자활영농사업단〉이다.

"나는 세상에서 내가 가장 불행한 개인사를 가졌다고 생각했어요. 그런데 여기 오니까 나보다 더 징한 개인사를 가진 사람들이 있는 거예요." 징한 것보다 더 징한 것을 알게 되고 덜 징한 사람이 더 징한 사람을 보듬어 준다. 다양한 사람들이 모여 가난한 지금을 벗어나고픈 한 가닥의 지푸라기를 잡는 심정으로 이곳에서 농사를 지은 지 한 해가 지났다. 내가 팀원들의 수장이 되어 시작한 '색부(色夫)들의 색부(嗇夫)되기'가 농사철 한 바퀴를 돌았다. 색부(嗇夫)들이란 하늘과 땅을 섬기며 생명을 소중히 여기는 사람들을 일컫는 말이다.

우리가 농사를 짓는 것. 지식인들의 자족적인 농도 아니며, 전원생활의 귀족적인 농도 아니다. 가난한 사람들이 가난을 벗어나려는 농이다. 가난, 불편함, 벗어나고픈 일은 농에서 온 것이 아니라 이 사회가 우리 가난한 이들을 세상 밖으로 내모는 것처럼 강요된 편견이었음을, 그 편견에 뼛속 깊이 길들여져 우리 자신들을 더욱 옭아매는 생살(生殺)로 나아가고 있음을 체득해나가고 있다.

자연을 닮아가려는 농사가 전제되지 않으면 공장 대신 농장에 나가는 우리는 한낱 농업노동자일 뿐이다. 우리, 색부들은 자연의 질서를 배우는 농을 통해, 사람들이 찬양하고 성공적인 것으로 생각하는 '한 종류의 삶'을 과대평가하고 그 종류의 삶의 노예로 나머지 생애를 보내지 않는 방법을 찾아 나섰다.

부처님 오신 날, 인드라망 생명공동체에서 진행하는 서울 봉은사 장터에 참여했다. 연두농장 팀원들은 생산만이 아니라 장터 판매의 경험도 배운다.

변화 사이에는 바람이 있지

3월, 자재창고와 생활동부터 정리하기 시작했다.

"팀장님 이거 보시유."

원두막을 새로 지을 때 누구보다 제 역할을 잘 했던 현순이가 자재창고에 들어서던 나에게 자신이 만들어 놓은 농기구 걸이대를 자랑스럽게 보였다.

"어머, 예뻐라!" 나는 현순이를 왈칵 껴안았다. 페스티로폼으로 호미걸이대를 만들어 놓은 그녀가 예쁘다. "역시, 현순이구나."

겨울을 지나오면서 고장 난 냉장고를 버리고 중고 냉장고를 얻어 왔다. 냉장고를 내다 버리는데 현순이가 자재창고에서 쇠를 가져오더니 냉장고 모터를 떼어내기 시작한다.

"이게 비싸유. 여기다 이렇게 놓으면 사람들이 모터만 떼어가니께 내가 얼른 떼어서 가져가야겠어유."

건강이 안 좋아 약으로 지내는 그녀의 남편은 간간히 이런 고물을 모아 내다 팔고 있다. 무심코 버리곤 했던 쇳조각들을 이제 현순이를 위해 팀원들이 챙겨 주기도 한다. 현순이가 냉장고 모터를 떼어내는데 해란이가 망치를 들고 와 도와준다. 하나 둘 셋 하면서 모터를 떼어내자 해란이와 현순이, 미자 그리고 나는 일제히 함성을 지른다.

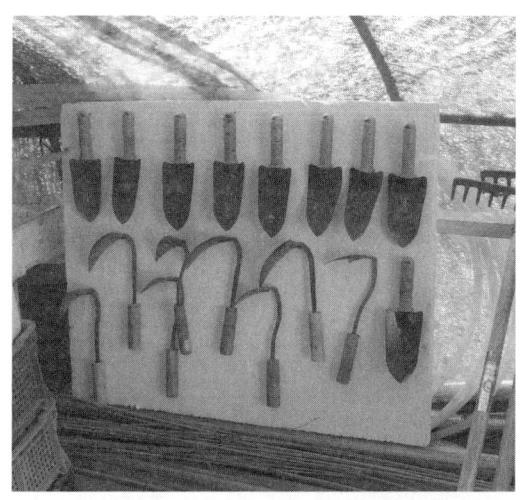

버려진 냉장고에서 모터를 빼내기 위해 냉장고를 분해하고 있다.
한 푼이라도 벌어보겠다는 생각으로 능수능란하게 해치운다.

"요즘엔 고물도 중국에서 쏟아져 들어와 고물값이 무척 싸져서 수입도 별루 없시유." 몸이 아픈 남편이 일감도 없지만 그래도 간헐적으로 나가서 30만 원 정도 고물 벌이를 한단다.

빗나간 얘기지만 떠오르는 얘기가 있다. 폐지를 모으는 할머니들은 1kg에 700원을 받는다고 한다. 폐휴지 수집상들은 폐지 공장에 넘기는데 무게를 더 나가게 하기 위해 물을 먹인다고 한다. 얼마 전 폐지 수집상이 있는 곳에 물이 오염이 되어 물어보니 물을 먹인 폐지에서 나온 인쇄오염물질이라고 한다. 먹고 사는 힘든 일이지만 환경을 생각해서 나온 폐지 재활용은 중간 유통의 변질로 또 다른 수질 오염의 원인자가 되고 있는 셈이다. 자본주의 유통구조는 하나부터 열까지 폐해만을 남긴다.

지금은 정기적으로 한의원에서 한약찌꺼기를 얻어 온다. 한약찌꺼기를 쌀겨와 미생물 덩어리를 넣어 발효시켜 퇴비를 만든다. 하얗게 피어오른 호기성 미생물을 보면 마치 김이 오르는 떡시루를 열어본 마냥 모두 즐거워한다. 찌꺼기들이 우리에게는 퇴비를 만드는 재료가 되기에 소중하게 다룬다. 똥이든 찌꺼기든 발효과정을 거친 것들은 다시 땅으로 돌아가고 식물들의 밥으로 돌아가는 것이다. 올해는 미생물에 대해서 특별히 관심을 가지고 공부를 해 볼 생각이다. 미생물이야말로 우리의 땅을 풍요롭게 할 수 있는 것이며 찌꺼기들을 소중하게 다룰 수 있는 매개체이기 때문이다.

"우리 똥은 정말 식물도 싫어하는 똥이야." 이런 내 말에 똥 지론을 펼치던 평소의 말을 뒤엎는 것이라 모두 의아해한다. "우리가 먹는 것이 뭐야. 먹는 것이 개판인데 그 똥이 어떻겠어? 피똥 안 싸봤니? 소주를 많이 먹고 난 다음 날이면 까만 똥을 싸는데 그게 피똥이야. 모세혈관이 파괴되어 검게 된 것이지." 우리 몸만을 위해서가 아니라 식물이 좋아하는 똥을 내기 위해서라도 제대로 된 음식을 먹어야 한다는 내 주장에 사람들은 고개를 끄덕인다.

열무 씨앗을 뿌리고 일주일, 싹이 나왔다. 연두색 싹들이 많이 커 있다. 4월 중순에는 열무와 얼갈이배추를 수확할 수 있다. 하루가 다르게 쑥쑥 커나가는 것이 간혹 보는 어린 조카 키가 쑥쑥 커가는 것을 보는 듯하다. 식물이든 사람이든 무탈하게 커나가는 것을 보는 것처럼 기쁜 일이 없는 것 같다.

올해는 더위가 일찍 올 것이라는 친구의 귀뜸을 잊지 않고 있다. 쑤욱 자라 있는 잎사귀에 벼룩벌레들이 먹은 흔적들이 보인다. 날파리들이 보이고 심지어 나방들도 보인다. 역시 날마다 세심하게 관찰해야만 한다. 아침마다 밭을 세심하게 둘러봐야 할 시기가 된 것이다.

지난 22일에는 감자를 심었다. 지난해에는 4월 초에 감자를 심어서 수확시기가 늦추어져 첫 장마에 가슴 졸였기에 올해는 시기를 앞당겼다. 더구나 우리는 비닐 멀칭을 하지 않기에 22일 즈음이 적기라고 생각했다. 농사는 시기를 잘 맞추어야 한다. 계획을 세우지 않으면 시기는 언제나 늦추어질 수밖에 없다. 강원도 감자종자 보급소에서 산 수미와 친구에게 얻은 선농, 두 종류의 종자를 지난해보다 두 배 넓은 면적에 심기로 했다. 이번에는 개인 직거래 말고도 지역 생협에 출하하기로 했기 때문이다.

감자눈을 중심으로 잘라서 한방찌꺼기가 포함된 미생물액비와 약간의 목초액으로 만든 종자처리액에 30분 정도 담가 두었다가 꺼내 참깨대, 들깨대, 콩대를 태워 만든 재와 가져온 숯재에 감자를 묻혀 심는다.

씨눈을 세 개로 조각낸 씨감자를 목초액에 20분 담궈 소독과 발아촉진, 수분을 먹인다. (왼쪽) 목초액에 담궈놓은 씨감자를 재에 묻혀 심는다. (오른쪽)

이번에는 감자를 고랑에 심는 이변이 일어났다. 고랑을 타면서 경운해 준 아저씨가 자기는 고랑에 심는다는 얘기를 했는데 듣고 보니 그 아저씨의 말이 합리적이라는 생각이 들었다. 게다가 두둑을 두는 것은 멀칭을 위한 것이지 우리처럼 멀칭을 하지 않는다면 굳이 두둑을 할 필요가 없다는 생각도 들었다. 이왕 이렇게 타진 고랑이라면 고랑에 심고 두둑은 두 차례 정도 북을 주는 과정에서 두둑이 고랑이 되고 고랑이 두둑이 될 것이다. 단, 많은 비가 오지 않아야 하는 것을 전제로. 만약 5월경에 장맛비처럼 비가 온다면 배수로가 확보되기도 전에 감자는 썩어버릴 수 있다. 그것이 가장 큰 문제가 된다. 두 차례 북을 주기 전에 장대비가 오지 않길 바랄 뿐. 허기사 땅주인이 여기는 사토라 괜찮다고 했지만 윗밭은 점질이 더 강하기에 걱정이 좀 되지만 이미 저질러진 일이다. 실험 정신이 좋긴 하지만 지나치게 낙관적인 것도 탈이기는 하다.

오전에는 아래밭, 오후에는 윗밭에 심었다. 감자를 심으면서 약간

경운을 한 고랑과 이랑을 다시 쟁기로 간격을 적당하게 만드는 작업을 한다. 그러고 나서 감자를 심는다.

의 실랑이가 있었다. 여럿이 일을 하다보면 의견 충돌이 있게 마련이다. 미리 생산부장과 어떻게 할 것인지 정하지만, 하다 보면 여러 가지 일들이 생긴다. 30센티 간격으로 감자를 놓고 나가면 뒷사람은 발로 툭툭 치면서 5~6센티 높이로 흙을 덮는다. 하다보면 30센티가 아니라 20센티가 되기도 한다. "간격이 너무 좁잖아. 넓혀." 큰소리가 나면 "아냐, 그 정도면 괜찮아"라고 감자를 놓는 친구가 응답하거나 때로는 아예 무시하고 해나간다. 그 때부터 궁시렁궁시렁이 오가기 시작한다.

"팀장님은 팀장이 되어서 왜 그래? 이렇게 짤라야 하잖아." 씨감자를 만들 때 생산부장이 내게 한 소리를 한다. "이렇게 짤랐잖아. 자르다 보면 뜻하지 않게 이렇게 잘라지는데 그럴 수도 있지, 왜 그리 신경질이노?" 생산부장의 신경이 날카로와져 나에게 화풀이를 한다. 같이 일할 때는 생산부장의 말에 복종한다. 하지만 계속된 신경질적인 잔소리에 나도 맞대걸을 한다. 생산부장의 힘겨움을 모르지 않기에 응석을 받아줘야 하는데 그 날은 잔소리에 발끈한다. "오늘은 팀장님이 타겟이다." 옆에 있던 해란이가 웃으면서 우리의 대화를 재밌게 받아들인다. "팀장님 얼굴 빨개진 것 봐." 잠시의 궁시렁거림도 역시 순간으로 끝이 난다.

5박 6일의 출장을 다녀오는 동안 팀원들이 토마토를 심었다. 토마토를 심고 나서 출장 가라는 부장들의 말에 그냥 나 없이 해보라고 했다. 이번이 두 번째 심는 것이고, 관련 정보를 충분히 보면 할 수 있다고 하면서 출장을 강행했다.

출장을 다녀와서 보니 그럭저럭 잘 심겨져 있었다. 양쪽이 약간 차이가 있었지만 그리 대수롭게 여기지 않았다. 그 에피소드를 나중에 들었다. '이런 간격으로 이렇게 심어야 한다.', '아니다. 이렇게 심어야 한다.' 설전을 하다가 결국 '그럼 넌 그렇게 심어라, 이쪽은 이렇게 심을게'라고 하면서 두 편으로 나뉘어져 심었다고 한다. 한 사람은 전체 들어가는 숫자와 수확을 생각하면서 심었고 지난해 너무 좁게 심었던 경험으로 넓게 심어야 한다는 생각만을 했다고 한다.

같이 맞추어 일을 하는 것이 어려운 일이지만 그래도 자신의 의견이 없는 것보다 있는 것이 낫다. 이렇게 해도 그만, 저렇게 해도 그만인 사람은 그냥 시키는 일만 하는 것이고, 의견을 내지 않고 뒤에서 궁시렁대면 그것도 좋지 않은 버릇이다. 일을 하다보면 일머리가 생겨 자기 생각을 밝히고 하는 것이 훨씬 나으니 지난해보다 발전된 것은 분명하다.

　이제 밭에는 토마토, 감자, 열무를 심었고 앞으로 계속 씨뿌리기가 진행된다. 4월 중순부터 수확도 시작되고, 바야흐로 주말에도 밭에 나가야 하는 때가 되었다. 팀원들이 일을 해나가면서 자연의 질서를 배우고 체득하면 의견충돌도 그리 많지 않게 될 것이다. 가장 우선적인 고려를 자연에 두게 될 테니까.

　유난히 바람이 많은 3월, 농사를 지으면서 몸으로 깨닫게 된 것은 과거의 잔영이 완전히 사라지는 데는 바람이 거세게 일어야 한다는 것이다.

너도 안식년이 필요할 터인데

"명함 잘 만들었네. 그런데 농장이름이 왜 연두야?"
"강금실은 보라색이고, 오세훈은 초록색이잖아요. 우리는 연두에요."
"그럼 무슨 당이야?"
"우리는 연두당이예요."
"하하…."

지자체 선거를 앞두고 이런저런 명함들을 주고받을 때 우리는 연두농장의 연두빛 명함을 돌리기 시작했다. 색부들의 생산 공동체 연두농장.

연두라고 한 이유는 몇 가지가 있다. 첫째는 발음상 부드러우면서 'ㄷ'이 들어가 강인한 느낌도 주기 때문이다. 두 번째로 연두는 부드러움과 여림을 나타낸다. 농사를 짓게 되면 짙푸른 녹색과 연두색의 차이를 알게 된다. 화학비료를 많이 쓰거나, 질소가 많으면 진초록 잎이 된다. 진초록 잎새는 두껍고 씁쓸한 맛이 강하다. 하지만 연두빛 채소들은 여리고 부드러우며 단맛이 살아 있다.

"동심이자 초심이며, 평심이지요." 연두에 대한 거창한 해석이 이어지자 그 어떤 이미지보다 선명하게 와 닿는 모양이다. 태어나면 이름부터 가진다는데 농사 2년차에 우리 이름을 갖게 되었다. 우리 색부들은 연두농장의 명함을 가지고 돌린다. "안녕하세요. 연두농장입니다!"
'귀하의 밭에는 유기물 함량이 낮아 땅심이 약하므로…' 농사 2년차, 〈연두〉 브랜드가 확정되고 난 뒤 무농약 인증을 받기 위한 몇 가지 검증 절차 중 하나인 토양시료분석결과가 나왔다. 곧 무농약 인증이 나올 예정이지만 땅은 이미 힘을 잃어가고 있다. 이런 땅에서 나온 식물에 '인증이 무슨 소용일까?'하는 생각이 들었다.
땅심이 약한 곳에서 자라는 식물은 병약해서 '영양제'를 먹여야 그나마 제대로 수확을 할 수 있다. 우리가 경작하기 전에 이 밭은 거의 쉬어보지 못했고 작물이 약해서든지 아니면 농사꾼의 습관적 행동이든지 농약과 화학비료를 써 온 터라 거의 사경을 헤매고 있는 상태다. 땅이 만들어지기까지 적어도 3년이 걸린다는 말은 거짓말이다. 지금 이 상태에서 아무리 좋은 퇴비를 밑거름으로 한다 해도 쉽사리 땅심을 회복하기 어렵다.
"아무리 좋은 영양제를 먹어도 소용없어요. 몸과 마음을 쉬어야지…." 병든 환자에게 처방을 내리는 것처럼 우리 땅도 쉬어야 한다. 다른 땅이 있다면 지금 이 땅을 쉬게 하고 싶을 뿐이다. 씨앗을 뿌리는 순간 땅은 괴롭고 땅이 괴로우면 자라는 식물도 고단하다. 우리는 우리대로 더 많은 고생을 하게 되는 셈이다. 모두 힘겨운 상황이다. 연두농장은 남모를 비애를 겪고 있다.

올 해 첫 수확이 될 열무가 씩씩하게 자라 있다. 연두빛 열무잎으로 쌈을 해 먹어도 맛이 좋다. 열무에게 준 것은 물과 지난해 담궈놓은 쌈효소뿐이다. 열악한 상황에도 잘 커준 열무를 수확하고 난 뒤에는 임시 처방이지만 땅 개량을 할 예정이다. 준비물은 이미 갖추어 놓았다. 개량을 하고 난 뒤 쌈채소들이 들어간다. 땅에게 미안하기 그지없다, 쉴 틈을 주지 못해서.

농農은 이타利他야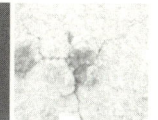

5월 2일, 농사를 지은 지 꼭 한 해가 되는 날이다. 3월 22일에 심은 감자가 25일째부터 땅을 뚫고 싹을 틔우기 시작했다.

"감자싹이 왜 이렇게 안 나오지?" 8년 동안 농사를 짓고 있는 남양주의 농사꾼이 언젠가 전화를 해서 물었다. "야, 임마 벌써 싹이 나오냐? 감자는 한 달이 되어야 싹이 나오니까 기둘려 봐." 이렇게 말했지만 싹보다 풀이 먼저 나왔을 때는 나 또한 조바심이 났던 터였다.

감자를 심은 지 40일째, 윗밭에는 10~20센티 정도의 감자줄기가 줄지어 나와 있기도 했지만 어떤 이랑에는 줄기 크기가 들쑥날쑥하다. "저 이랑은 누가 심었어? 일렬로 키가 고르네. 잘 심었는데?" 어떻게 심었느냐에 따라 키가 다르게 나온다. 어떤 것은 너무 깊게 심어서 아직도 싹이 나오지 못한 것도 있고, 어떤 곳에는 감자 줄기잎이 남달리 크다. 또 종자의 차이에 따라 잎의 색깔과 모양이 조금씩 다르다. 윗밭에 심은 수미는 아래밭에 심은 선농보다 색깔이 연하다.

　모두 여성만으로 이루어진 우리 농장에 남자 한 분을 팀원으로 모셔(?)왔다. 남자의 힘이 절실히 필요할 때가 한두 번이 아니었다. 이분이 오신 뒤로 여러 가지 일을 하기 시작했다. 땅을 파서 관수 호스를 심었고, 비가림 하우스 창과 문에는 모기장을 쳤다. 또 하나는 간판을 만들기로 한 것이다. 우리 농장에 어울리는 간판을 만들기로 했다. 느티나무를 베어 나무현판을 하기로 했다. 조각칼로 글씨를 새기고 페인트칠을 했다. 농장에 있는 웬만한 것들은 우리 손으로 만들자는 것이기에 이 일은 더디었지만 기쁨 두 배의 일이 된다. 니스로 결을 살리고 비가 와도 지워지지 않을 코팅 처리를 했다. 이렇게 틈틈이 일주일, 마침내 간판이 완성되었다.

　연두농장, 간판을 달고 나니 농장이 훤해졌다. 1년 만에 우리 농장의 이름과 농장 간판이 만들어졌다.

농장이 회사이고 날마다 땅을 접하는 지라 평가회의만큼은 바닷가에서 하면 좋겠다는 생각을 했다. 얼마 전에 가본 선재도로 팀원들을 데리고 갔다. 바닷가에 오긴 했지만 목적은 평가회의를 하기 위한 것이라 맘에 걸리긴 했다. 원래 내가 회의주의자가 아니기에 회의를 오래하는 것은 좋아하지 않지만 이번에는 밀린 공부도 할겸 밀도 있는 시간을 보내고 싶었다.

도착해서 친환경인증 교육을 하고, 새로운 사업 설명을 한 뒤에 점심을 먹고 바닷가에서 휴식을 가진 뒤 평가회의에 들어갔다. 그동안 드러내지 못했던 팀원들 사이의 갈등에 대해 솔직하게 갑론을박하기 시작했다. 예정된 시간이 지났지만 갈등의 원인을 짚어내고 어떻게 해결할 것인가 스스로 결론을 내린다. "상대방에 대한 배려가 2% 부족하니까…." 팀원 모두 2%에 대한 배려에 다짐의 말을 던진다.

우리 영농사업 목표 가운데 하나가 '이타주의를 배워 나간다'이다. 농사를 짓는 일이 땅과 하늘을 통해 자연의 섭리를 깨닫는 것일진대 사람과 사람 사이에 이타주의를 배워 나가지 못한다면 우리의 농사는 100% 실패이기 때문이다.

5월, 이렇게 우리는 새로운 한 해를 시작하고 있다.

올해의 궁합은 어떨까?

주말에 비가 오고, 다음 주에는 비가 없다는 일기예보를 듣고 고추 모종 심는 일정을 앞당긴 5월 5일, 자고 있는 아이들을 집에 두고 이른 아침 7시에 출근한 팀원들. 휴일이지만 그들은 2년차 농사꾼으로서 스스로 특근을 결정했다.

전날 둘레에 사는 농부가 트랙터로 고랑을 만들어 주었지만 그이 편의대로 했을 뿐 우리가 재배할 때의 불편함을 전혀 고려해 주지 않았다. 다시 고랑을 만들어야 한다. 다시 만들기는 해야 하는데, 어떻게 할 것인가 팀원들의 이야기가 오간다. "팀장님 어떻게 해?", "얘기해 봐." 일단 그들의 판단에 맡기기로 했다. 지난해 농사를 지어본 경험으로 현명한 판단을 하리라 생각했다. "지금은 힘들지만 나중에 우리가 방제할 때 생각하면 지금 해놓는 게 좋을 것 같아요." 그들 스스로 내린 결정에 한 편에서 작업을 시작했던 사람들이 이의 없이 따른다. 고랑은 남자 팀원과 여자 팀원 두 사람이 맡고, 또 한 사람은 모종삽으로 구멍 내는 일을 맡았다. 45센티 간격으로 구멍을 내는데 모종삽 두 개 반 길이라고 얘기하면서 낸다. 간격은 고추 모종을 어떻게 키울 것인지 미리 계획해서 결정한다. 옆으로 크게 키울 것인가, 아니면 위로 크게 키울 것인가를 미리 결정해서 간격을 정하고 옆으로 크게 키운다면 곁가지에서 나오는 줄기를 적당히 잘라주면서 둥글게 키우면 되고, 위로 키운다면 곁가지를 촘촘히 잘라주면서 키워야 한다. 작업을 하기에 편한 것은 위로 키우는 것이다. 곁가지 잘라주는 작업을 잘 해주면 고추줄기가 더욱 크게 자란다. 이번에는 옆 위를 적절히 해서 키워나갈 생각이다.

한 사람이 구멍을 내면 두세 사람이 물을 구멍에 넣는다. 물은 그냥 물이 아니다. 목초액과 막걸리를 희석한 것으로 목초액은 뿌리가 자리를 잡기 전에 땅에 있는 균이 연약한 뿌리로 들어가는 것을 막기 위한 것이고, 막걸리는 살균효과만이 아니라 뿌리와 땅의 미생물 활동을 원활하게 해주기 위한 것이다.

"구멍을 잘 맞춰서 물을 듬뿍 줘야 한다."

내 말에 팀원들 모두 깔깔 웃으며 작업을 한다.

"구멍을 잘 맞추기 위해서는 구멍을 잘 파는 작업도 중요하다."

구멍 얘기가 시작되니 한 팀원이 맞대결한다.

"팀장님은 여자가 구멍을 파요?"

말은 꼬리를 물고 손놀림은 계속 이어진다.

쉬는 날인데도 농사에 관심이 많은 신입직원 미연이가 아침 일찍 달려와서 조리개로 물을 주다가 '구멍 맞추는 일 말고 고추 심는 일을 좀 해보지'라는 농담 섞인 내 말에 고추모종 심는 일을 한다. "고추를 심을 때는 요렇게 넣고 요렇게 손으로 꾹 눌러주는 거야. 그러면 모종 주변에 홈이 조금 파지면서 비가 오면 물이 고이게 되잖아. 우리처럼 비닐멀칭을 하지 않으면 물을 많이 담을 수 있도록 특별한 주의가 필요하거든." 설명을 하는 대로 그녀는 똑같이 따라한다.

미연이가 노래를 불러가며 고추를 심고 있다

"노래를 불러가면서 심네?"
"노래를 들려주면서 심으면 고추모종도 즐거워하잖아요. 식물도 노래를 좋아한대요."
"음. 좋지. 그런데 노래가 그게 뭐야. 가사에 '죽도록' 하는 가사면 그게 식물이 죽으라는 얘기잖아."
"어머? 그러네."
주고받는 말소리, 웃는 소리가 끊이질 않는다.
한 사람은 포트에서 고추모종을 꺼내 구멍에 놓는다. 어린 민달팽이와 청개구리를 발견하고 좋아하면서 하나하나 놓아간다. 고추를 심을 때는 성에 대한 얘기를 많이 하게 된다.
"팀장님 때문에… 고추 심으러 왔는지 성교육 받으러 왔는지 모르겠어요."
"그럼, 당연하지. 고추 농사를 잘하면 성생활도 잘 할 수 있거든.

불가분 관계야."

팀원들이 한 마디씩 거들어 가면서 주고받는 대화가 미연이한테는 더없는 재미인가 보다.

미자가 맨발로 일을 한다. 덩달아 몇 사람이 벗는다. 맨발로 흙을 밟아가면서 일을 하니 더없이 편해 보인다. 나도 벗어보라고 하지만 시멘트에 길들여진 발바닥은 이전만큼 건강하지 못하다. 그래서 발지압이니 하는 특별한 기구가 상품으로 판매되고 또 공원에 만들어진 돌로 만든 발바닥 지압공간에 사람들이 몰린다. 평평하고 딱딱한 바닥에서 생활하다 보니 몸을 전체로 지탱해주는 발바닥은 탄력을 잃게 되고 건강도 나빠진다. 걷는 것도 중요하지만 발바닥의 마찰과 탄력이 시멘트로 막혀버린 셈이다. 흙과 몸이 마주 대하는 기운은 사라지고 있다.

참 시간. 경숙이가 가지고 온 쑥빈대떡과 막걸리를 마시면서 쉰다. 삼삼오오 쉬고 있지만 미연이 혼자 계속 심고 있다. 쉬라고 하는데도 쉬지 않는 미연이는 빨리 끝내고 싶어서가 아니라고 주장한다. 심는 일이 즐겁단다.

일을 한 지 4시간 정도가 지났다. 거의 다 심어가고 있다. 잠깐 쉬든 계속 하든 그건 자기 마음대로 하는 일이다. "와서 쉬어요"라고 일하는 사람들에게 소리치는 팀원에게 그냥 두라고 한다. 일사분란하게 할 필요가 없기 때문이다. 몸이 가는대로 따르면 되는 일이므로.

드디어 일을 끝내고 쉬고 있는데 자장면 배달 아저씨가 왔다. 모두 반가워한다. 씨를 뿌리거나 모종을 옮겨심는 날은 우리의 잔칫날, '자장면 먹는 날'이다.

둘러앉아 먹는데 친구네 가족이 떡을 싸들고 왔다. 직장동료이자 친구인 순애가 친정엄마와 딸까지 데리고 온 것이다. 방앗간에서 갓 나온 따끈따끈한 현미로 만든 떡을 분홍보자기에 싸서 가져왔다. 전날 떡을 가져다준다는 말에 이미 팀원들에게 새참으로 떡이 온다고 얘기했는데…. 의외로 작업이 일찍 끝나 새참이 아닌 점심밥 중에 하나가 되어버렸다. 둘러 앉아 먹는 점심이 오늘 일과의 마지막이 되었다. 이제 2년차에다가 날마다 작업을 같이 하면서 적절한 분업이 자연스럽게 이루어져 예정된 시간보다 훨씬 빨리 일을 마친 것이다.

씨를 뿌리거나 작물을 거두는 날처럼 아주 특별한 날이면 자장면을 먹는다.

일을 마치고 나니 비가 내린다. 적당한 비는 좋지만 바람이 강하게 불면 어린 모종들이 힘겨워한다. 밭에 가보니 바람에 이리저리 쏠리기는 하지만 뿌리가 뽑혀 쓰러진 것은 없다. 잘 견디어 내길 바랄 뿐. 어린아이를 밭에 내보내니 어쩔 수 없는 어미 마음이 된다.

보이는 것이 많을수록

　농장이 감자꽃으로 뒤덮였다. 지난해에는 감자꽃을 따 주었다. 꽃으로 가는 영양분을 막기 위해서였다. 올해는 감자꽃을 따 주는 것에 대해 둘레 사람들에게 물어보았다. 감자꽃을 따 준다는 얘기를 처음 들어보았다는 사람도 있고, 감자꽃도 다 이유가 있어 필 터인데 왜 따주냐는 의견도 있다. 감자 재배력에도 감자꽃을 따 준다는 얘기가 없어 올해는 그냥 두기로 했다.
　감자꽃을 따서 물컵에 꽂아 보았다. 자주빛이 비치는 감자꽃이 마치 40대 소박하고 완숙한 여인네의 모습처럼 다가온다. 은은하게 스며드는 감자꽃 향도 좋다. 오늘 밤 농장에서 본 감자꽃이 잔뜩 움츠려 있

다. 낮에는 감자꽃이 열리고 밤에는 꽃잎을 닫는 사실을 처음 알았다.

　감자는 우리 농장의 주요 품목이기에 각별한 애정을 쏟게 된다. 지난해 이맘때에는 28점박이무당벌레 유충이 잎을 갉아 먹어 감자가 더 이상 크지 않았다. 그 경험을 바탕으로 올해는 28점박이무당벌레를 보이는 대로 잡고, 유충에 제충국을 뿌리기도 했지만 결국 유충이 자라 뛰어다니는 것을 보게 되었고 고추밭까지 옮겨갔다. 그래도 지난해보다 감자는 더욱 튼실해 보인다. 재배면적도 지난해보다 두 배 늘어났다. 이제부터 감자 판매 계획을 세워야 한다. 수확체험 행사를 할 예정이고 감자 예약을 미리 받고 있다.

　매주 화요일 오전에는 YMCA 유치원 아이들이 농체험을 하러 우리 농장에 온다. 5살에서 7살 아이들 40명이 윗밭에 와서 토마토도 심고 고구마도 심었다. 심는 요령을 가르쳐 주면 잘 따라한다. 아이들은 심

모종 심는 법을 배우고 있는 아이들. 강의를 열심히 듣고 따라하고 있다

는 것보다 벌레에 관심을 더 많이 갖는다. 벌레가 나타나면 아이들이 모여드는데 특히 남자 아이들이 그렇다. 배추벌레를 잘 잡았던 팀원의 어린 남자아이가 생각난다.
"다음번에는 벌레를 잡겠어요."
"와!"
아이들이 벌레 잡기를 좋아하는 것을 보고 다음 시간에는 감자밭에서 무당벌레를 잡아 보려고 한다. 물론 벌레가 더 빠르겠지만.
친환경 인증을 심사하고 관리하는 국립농산물품질관리원 네 사람이 일손 돕기 체험을 하러 왔다. 여자 한 사람과 남자 세 사람인데 먼저 거름 내기를 하게 했다. 한방찌꺼기 발효퇴비를 한 번 뒤엎게 하고 모아온 한방 찌꺼기를 쌀겨미생물 덩어리와 섞게 하는 일을 했다. 한 시간 정도 하더니 힘들다고 한다. 우리 농장에서 여성들이 날마다 하는

농관원 직원들이 한방 퇴비를 뒤집고 있다.

일들이지만 사무실에서 일하는 사람들에게는 육체적 노동이 힘겹기는 하겠지.

퇴비 섞기를 끝내고 감자밭에 북을 주었다. 곡괭이를 들고 고랑의 밭을 긁어 북주는 일을 하는데 "아이고 힘들어라" 볼멘소리들이 들려온다. 곡괭이로 한 줄 정도 북주고 나면 어깨가 빠질 듯하다. 팀원들도 북을 준 다음 날에는 온 몸이 뻐근해서 파스를 붙이고 온다. 농사 관련 일을 책상 맡에서만 하니 농사에 대한 각별한 애정이 있지는 않을 것이다. 농업기술센터나 농촌진흥청, 농림부 모든 행정기관이 그러하다. 반드시 농사를 지어봐야 하는 것은 아니지만 최소한 농사를 지어보는 간접 경험들이 충분하면 할수록 제대로 된 농관리가 되지 않을까. 이번 체험을 보면서 농업기술센터 사람들에게 우리 농장에서 친환경 농업 체험을 하도록 권유해봐야겠다는 생각을 했다.

이번에 연성동 땅을 빌리는데 애써주신 신명자 관장님이 농장에 와서 콩을 심었다. 이 분도 농사를 워낙 좋아해서 화성에 조그만 포도밭을 짓고 있다. 그렇다고 농사에 대한 해박한 지식이 있는 것은 아니다. 그저 농사를 좋아한다. 우리 영농사업단이 만들어지는데 결정적 역할을 하신 분이기도 하다. 농관원 체험단도 온 날이라 팀원 한 사람에게 관장님과 콩 심는 것을 돕도록 했다. 연두농장이 이런저런 사람들이 모여 들어 농사를 경험하는 곳이 되어가고 있다.

주요 품목 가운데 하나인 상추 잎이 이상하다. 잎 뒷면은 우둘투둘하고 앞 면에는 데인 상처와 같은 것이 있어 상추병해관리 편을 몇 시간이나 살폈지만 그러한 병해는 없다. 다른 노지에 있는 상추에도 그런 징후가 보인다. 단지 우리 하우스에 있는 것이 상태가 심한 편이다. '그렇다면 이것은 종자 문제?' 농업기술센터에 전화를 해서 물어보았다. "이슬이라고 하는데… 그것은 병해보다 품종의 문제입니다. 뚜렷한 대책이 있는 것은 아닙니다." 내 추측이 맞았다. 도대체 왜 이런 것이 나올까?

농사 2년차, 참 많은 것들이 보인다. 남들이 보기에는 아무렇지도 않아 보이나 농사를 지으면서 늘 관찰하는 내게는 너무나 많은 것들이 보인다. 알면 알수록 보이는 것이 더 많아지고 보이는 것이 많아지면 많아질수록 참으로 무지하다는 것을 알아간다. 배우고 또 배운다.

상추를 먹어 본 사람들은 여지없이 또 찾는다. 똑같은 친환경인증품인데도 우리 상추가 맛있다고 한다.

"특별한 기술이 있어요?"

"특별한 기술이 있는 것은 아니고 정성입니다."

이제 겨우 농사 2년차라고 말하면 모두 놀라워한다.

이번 달 평가회의는 농생물 재배에 대한 것이다. 내가 다 준비해 온 의제를 놓고 토론을 한다. 팀원들은 아직 평가회의를 준비하는 일에 익숙하지 않다. 생산 활동도 마찬가지. 아직까지 식물을 관찰하고 진단하고 처방하지 못한다. 그러니 내가 농장에 있는 시간이 줄어들수록 식물에 일어나는 많은 것들을 지나치게 된다. 아침에 이리저리 돌아보는 것만으로는 알 수 없다. 상추를 팔기 위해 2~30분이라도 뜯으면서 땅과 습도, 상추잎 상태를 살펴본다. 보이는 것이 많아진다는 것, 무지를 깨닫는 셈이니 이 또한 농사가 내게 주는 매력이다.

생활동에서 평가 회의를 하고 있는 팀원들

식물도 체하고 비만에 걸린다

3월 말에 심은 토마토가 4월 중순부터 잎이 뒤틀리더니 줄기가 심하게 굵어졌다. 처음에는 응애 피해려니 하고 응애 처방도 하였지만 뒤틀림 현상은 심해져갔다. 토마토 전문가에게 인터넷으로 자문을 구하고 농촌진흥청과 농업기술센터 사람이 밭에 와서 토마토를 관찰한 결과 영양과잉으로 진단되었다. 즉 비만인 것이다. 비만하니 열매는 달리지 않고 줄기만 뚱뚱해지면서 잎맥들은 뒤틀린 것이다. 사람처럼 말이다.

진단을 종합해 팀원들에게 다음과 같이 알렸다.

1) 냉해 피해 : 3월 말 심고 나서 4월 10일 즈음까지 냉해 피해가 있었음.

2) 종자 : 토마토 종자로 도태랑을 쓰는데 올해 종자는 슈퍼 도태랑이었음. 이 종자에 맞는 재배 유의 사항을 모르고 지나쳤음.

3) 종자에 따른 재배 문제점

-300평당 질소 성분량을 20kg 기준으로 하는데 이번 밑거름에는 계분, 쌀겨 속성발효 섞어띄움비를 써서 질소가 많아졌음. 3단 꽃이 필 때 첫 추가 거름을 주어야 하는데 슈퍼 도태랑이라는 종자 및 밑거름 상태를 간과하고, 2단 꽃이 필 때 추가 거름으로 아미노산과 키토산

영양제를 두 번 줘서 영양과잉이 됨.

- 과채는 칼슘제를 잎에 주어야 하는데 전혀 조치를 취하지 않아 모종을 옮겨심은 이후 갑작스런 영양공급으로 2단 꽃이 필 때부터 줄기가 굵어지기 시작함.

4) 진단 종합 : 모를 기르는 과정에서 칼슘을 주지 않았고, 하우스에 옮겨심자마자 밤 기온이 갑자기 떨어져 냉해 피해가 계속되어 영양 공급이 멈춘 상태. 생육 기온이 회복되면서 밑거름의 영양분을 갑자기 빨아들임. 이 상태만 되었어도 어느 정도 큰 문제로까지 가지는 않았을 터인데 일반 토마토 재배 방법을 그대로 써서 1단, 2단 꽃이 필 때 추가 거름을 줘서 줄기는 비대해지고 가지와 잎이 뒤틀리는 현상이 나타나고, 3화방의 꽃이 크고 1화방과 2화방에서 수정이 되었지만 열매가 맺히지 않는 상태가 됨.

팀원들에게 진단 결과를 알리고 토마토 수확을 하지 못하더라도 이번 기회에 좋은 학습이 되겠다 생각해 내가 전적으로 담당하기로 했다. 한 그루 한 그루 상태를 보고 순간 결정을 내려야 하기 때문이다.

수분 조절부터 처방하기 시작했다. 수분 공급이 되면 영양분을 빨아들이기 때문에 5월 둘째 주에는 한 차례 적은 양을 주고 5월 22일부터는 질소 억제 규산제인 깐간이와 인산액비를 각각 300리터 물과 희석하여 이삼일마다 두 차례 주었다. 3화방 이후부터 뒤틀림이 완화되고 열매가 열리기 시작했다. 29일에는 규산, 인산액비, 유산균, 패화석 칼슘을 희석해 800리터 물을 주었다.

거름이 지나쳐 문제가 일어나면 곁순을 따지 말아 영양을 분산시키는 것도 효과가 있다. 어차피 2화방까지 열매를 포기하고 수확량을 제고한다면 키울 만한 곁순을 남겨두는 것이다. 그렇다고 모든 곁순을 남겨두는 것은 아니다. 나무와 열매 상태, 곁순 상태를 보고 남겨둘 것을 선택한다.

회복하긴 했지만 아직 관심을 늦추어서는 안 된다. 사람도 회복기에 있다가 방심해서 다시 병을 얻는 것처럼. 이번 토마토 재배를 하면서 배운 것 가운데 하나는 계분을 쓰지 말아야 한다는 것이다. 계분은 질소질이 많다. 충분히 숙성된 계분이라 하더라도 적당한 양 측정이 힘들고 또한 계분에는 항생제와 성장호르몬제가 있을 가능성이 높기 때문이다. 좋은 거름은 식물에게 얻는 것이 좋다. 식물에는 독소가 적고 질소 성분이 결코 많지 않기 때문이다.

척박한 땅에 아무리 좋은 거름을 넣는다 하여도 그 양을 조절하지 않으면 식물은 체하고 만다는 것. 땅 조차도 균형 있는 미생물 양이 필요한 것이지 많다고 좋은 것은 아니다.

'적당히 가난해야지….'

낭만에 대하여

 공짜(?)로 얻은 연성동 땅, 연두농장에서 차로 20분 거리에 있다. 농장에서 연성동으로 오는 길, 양옆으로 논밭이 즐비해 개발이니 하는 선거공약들이 오간 곳이기도 하다. 제2의 연두농장인 연성동으로 달리는 트럭은 벌써 한번 과속 딱지를 받았고, 아마도 한 차례 더 받을 가능성이 있다. 이 땅에는 사료로 쓸 호밀을 심었다.
 호밀과 콩, 잘 어울리는 작물이지만 호밀이 난파되었던 터라 호밀 일부를 없애고 콩을 심는다는 것이 잘못하면 잡초밭이 될 걱정이 있어 이번에는 그냥 로터리를 쳤다. 하지 전에 씨를 뿌려 모종을 키우고 옮겨심어야 하기에 시간도 급했다. 연성동으로 가는 날, 오후부터 비가 온다는 예보만을 믿고 이른 아침에 움직였는데 연성동에 들어서자 후두둑 비가 떨어지기 시작했다.
 "그렇게 돈을 퍼붓는데도 한두 시간 전의 일기예보가 틀리냐…."
 세 시간 간격의 일기예보(131)를 수시로 전화 확인했는데 모두 당혹스러워했다. 경운을 해 주기로 한 분이 아직 도착하지 않아 전화로 재촉을 한다. "오늘 어쩔 수 없어요. 비가 오더라도 해야 돼요." 20분 뒤에 그 분이 오셔서 고랑을 타기 시작했고 비옷이 부족해 팀원 몇 사람은 봉고차에서 대기 상태에 있었다. 가까운 농가 사람들은 갑작스럽게 나타난 '아줌마 부대'에 저으기 놀라는 눈치다.

한쪽에서 콩 모종을 심기 시작한다. 작년에 심어서 씨앗으로 남겨둔 서리태를 모종으로 만들어 놓은 것이다. 비는 주루룩 내리고 나는 신발을 벗고 맨발로 다니기 시작한다. 어떤 팀원은 장갑까지 끼고 심는데, '어이고, 더 거추장스러울 터인데'했지만 손톱에 끼는 흙때 때문에 장갑을 낀다고 한다. 내 손톱에는 늘 흙이나 작물찌꺼기들이 끼어 있다. 아무리 씻어도 잘 빠져나가지 않는다. 창피하지는 않다. 농사꾼의 손이 으레 그러하니.

"비오는 날, 웬 밭일이야?"

몇 군데서 축하인지 걱정인지 하는 전화가 온다.

"농의 낭만이죠. 이런 낭만은 농에서밖에 못 구하는데요."

비옷을 입고 모종을 심는 팀원들

"어이쿠, 농사의 낭만이라? 그거 말 되네."
팀원들과 어쩌구저쩌구하는 대화들도 재미있다.
"이런 추억 어디서 못 만들어. 앞으로 농사지어도 이렇게 억수같이 내리는 비에 콩 심는 경험을 다시 할 수 있겠어? 자, 이것이 추억 만들기지."
나도 팀원들도 신이 났다.
장대비는 쏟아지고 이제 콩을 다 심었다. 다음으로 반절 정도의 땅에 고구마를 심어야 한다. 이랑을 만드는 데, 물에 젖은 흙이 곡괭이에 묻으니 더욱 힘이 든다. 연장을 버리고 손으로 이랑을 만들기 시작했다. 한 팀원은 양손으로 이랑을 만들어나가니 자동 트랙터라는 별명을 얻었다.
한 시간 만에 고구마 모종을 다 심었다. 나락 모종을 심어보기는 처음인데 이번에 고구마 모종을 심으면서 그 흥을 알았다. 그것은 간격을 맞추어 가며 흙에 쏘옥 꼽는 속도의 흥이다. 다 심고 난 연성동 밭을 바라보니 뿌듯했다. 땅이 모자라 고구마를 심지 못했는데, 고구마도 심게 되고, 콩도 심게 되어 더욱 기뻤다.
특히 이곳은 청정지역이라 땅의 매력이 넘치는 곳이다. 우리가 이 땅을 1년이고 2년이고 쓸 수 있을 때까지라는 말에 흔쾌하게 답한 것은, 이 땅을 기점으로 산으로 둘러싸인 논과 밭 그리고 산 주변을 어떻게 해서든지 우리가 경작할 수 있는 땅으로 만들어볼까 하는 심산이 있기 때문이다.
연성동 땅을 일구면서 얻은 교훈은 지역주민과 여러 고충을 상의하고 도움을 받아 지내야 한다는 것이다. 내 심산의 바람을 현실로 만들기 위해서도 그렇게 해야 할 것이다. 30만 평의 산으로 둘러싸인 곳,

팀원들의 나들이 쉼터도 되고 벌써 오며가며 둘레에 무성하게 열린 뽕나무 오디를 열심히 따고 있다.

힘겹지만, 농사에는 이런저런 낭만이 있다. 그렇기에 힘겨운 농사를 견디어 나가지 않을까?

자긍이 되는 것

연두농장에 남정네 둘이서 퇴비를 뒤엎고 있다. 한 사람은 다른 곳에서 개 농장을 하고 있고, 또 한 사람은 농장을 갖는 것이 소망이다. 개 농장을 하는 분은 농장과 관계가 깊다. 농고 출신으로 우연히 개 농장을 하게 되었지만 아직 수입이 그리 넉넉지 않다. 연두농장과 연결하여 축산업 쪽으로 생각을 하고 있다. 개 농장도 축산업에 속하는지 모르지만.

다른 한 분은 6월 1일에 연두농장 식구로 과감한 결행을 했다.

"왜 귀농을 생각했어요?"

"평생 직업이 농사밖에 없더라구요."

구직 신청란에 '농업'이라고 한 이 분의 경력은 공무원이다. 평생 직장이라고 하는 공무원, 공무원도 구조조정 대상이 되어 소위 '철밥통'이 깨어졌지만 그래도 여전히 공무원을 선호하고 있는데 이 분은 평생 직업은 농사밖에 없다고 생각하자마자 사표를 내던지고 귀농교육 3개월을 받은 뒤 귀농을 결행한 용감무쌍한 사람이다.

"그리고 전 도시가 시끄럽고 싫었어요. 지금도 그래요."

귀농을 결행하였지만 그가 원하는 대로 되지 않았고 1년 6개월만에 다시 도시로 왔을 때는 남아 있는 돈이 거의 없었다. 이제 돌아갈 직장도 없고, 구직 신청을 하였는데 희망 직업란에 '농업'이라고 했으니, 이것도 이 사람의 지독한 미련이었다. 노동부에서 고지한 1인 최저 생계비 정도로는 월세로 살면서는 한 사람도 넉넉히 살기 어려운 연두농장의 여건에도 불구하고 자신의 희망을 실현하고 싶어 온 것이다. 나는 이 분이 고맙기만 하다. 그리고 미안하다. 이 사람이야말로 실업자가 귀농 인력이 되는 경우이다. 내가 노래(?)를 부르던 실업자들이 대상이 되는 또 다른 영농사업단을 벌여 나가는 포문을 이 사람으로부터 연 셈이다.

요즘에는 2교대를 하는 바람에 남정네 두 분이 오전, 오후반으로 나뉘어져 있다. 하지만 급하거나 집중적인 일, 또는 비가 와서 교육을 할 때는 일주일에 한 번은 아침 9시부터 정상근무를 한다. 월 평가회의를 하던 날이었나? "팀장님, 좌청룡 우백호네요." 좌우로 남자 두 분이 앉아 있으니 정말 든든하다. 양기가 이렇게 좋을 줄은 예전에 미처 몰랐다. 역시 농사짓는 성별도 좋은 호가 되어야. "팀장님, 여자들 밀어내고 남자들로 연두농장 채우려고 하는 거 아냐?" "내 아무리 남자를 좋아하기로서니. 허기사 남자가 있으니 좋다."

토요일 농장일이 끝나면 여름 저녁의 낭만을 즐긴다. 삼겹살에 소주를 마시면서 이런저런 얘기를 나누다 보면 웃음이 끊이지 않는다.

"저 봐, 팀장님 고추 먹는 거. 도대체 몇 개를 해치웠어? 고추를 너무 좋아해."

"난 고추가 좋아. 이렇게 반듯반듯하니."

고추를 먹을 때마다 나오는 얘기들이다.

"여기 있는 분들이 얘기하는 것들을 들으면 모두 이중적인 의미를 지닌 것 같아요."

"와 벌써 꿰뚫었네. 빠르다."

이미 어두워졌는데도 이야기는 끊이지 않는다.

주말에 농장 일을 마치고 농장 마당에서 막걸리와 고기를 구워 먹는 팀원들

앞으로 남은 생의 업을 농으로 가져가겠다는 확실한 의지를 가진 사람들. 이들로 인해 연두농장이 축산까지 준비해 나갈 수 있을 것 같다. 시흥, 수도권에서 농업으로 먹고 살아가는 일. 충분한 교육과 실행을 하면서 농사꾼이 되어 가는 것. 그래서 어느 곳에서 농사를 짓게 되어도 돈에 희생당하지 않는 것. 연두농장은 이들의 자궁이 되는 것이리라.

소비자, 없어져야 할 개념

　감자 수확 판매가 끝나고 연성동 풀관리 작업을 이어나갔다. 감자 수확 이후부터 비상체제로 2교대가 아니라 정상근무를 하고 있다.
　올해 감자 판매를 하면서 얻은 아주 큰 성과는 시청 복지과를 중심으로 시청 직원들에게 판매를 하게 된 것이다. 생협에서 연두 감자를 판매할 수 없게 되면서 시청 직원들에게 요청을 한 것이 계기가 되었다. 장마 때문에 썩어가는 감자가 늘어났고, 생협에서는 1인 농가의 감자물량을 감당해야 했기 때문이다. 연두농장 감자를 팔기 위해 일반 농가들의 생계가 달린 감자 판매율을 떨어뜨릴 수는 없는 일이다.
　시청 복지과가 나서서 직원들이 연두농장 감자를 사 먹게 되었고 먹어 본 사람들이 맛있다고 더 달라고 한다. "먹어본 사람들이 맛있다고 더 주문해요. 내년에는 더 많이 심었으면 좋겠네요." 감자 부족 현상이 벌어졌다. 농장에는 어린이용 감자 네 상자와 흠감자만 남았다. 흠감자라고 하지만 잘 말린 것은 오래 두고 먹을 수 있다. 이번 기회로 시청 직원들에게 연두농장이 알려졌다. 시청 직원들이 친환경 농산물을 먹게 되었다는 것은 큰 의미를 갖는다. 지역 주민들의 행정을 처리하고 있는 그들이며 이제는 지자체 중심의 정치가 이루어지고 있다는 점을 감안한다면 연두농장이 지역주민들에게 보다 깊숙이 다가갈 수 있는 고리를 잡은 것이다.

더욱이 복지과는 지역의 가난한 사람들을 위한 복지행정을 하는 곳이니 가난한 이들이 먹을 수 있는 농산물 재배지로 연두농장이 확실히 자리매김 해나갈 수 있는 첫 걸음을 딛게 된 것이다. 연두농장의 농생물을 먹는 사람들이 아직까지는 생협 회원들 정도이기 때문이다. 지역의 가난한 사람들이 연두농장의 농생물을 먹는 것이 우리의 목적이다.

YMCA 생협 조합원들이 감자 수확 체험을 했다. 삼삼오오 몰려 온 생협 가족들, 연두농장에서 처음으로 수확 체험을 하면서 느낀 것이 많다. 농가들이 오히려 체험을 좋아하지 않는 이유가 있다. 밭이 엉망이 되기 때문이다. 이 날은 몇 명의 팀원들만이 나와서 하기 때문에

곁에서 일일이 가르치기가 어려웠다. 아이들은 감자를 다 캐지 않은 채 감자 가지를 뽑아 나가기 때문에 다 캔 곳인지 알 수가 없다. 어른들은 아이들을 제쳐두고 감자 캐는 데 열중이다. 캔 감자를 10kg 상자에 담는데 가득 담아 15kg 이상을 가져간다. 물론 저울이 있고 생협 간사도 있지만 그렇게 가져가면 안 된다고 단호하게 말할 수가 없다. 이럴 때 흔히 하는 말, '아줌마들이란….'

자기가 캔 감자는 골라내지 말고 가져가도록 부탁했는데도 몇몇 가족들은 골라낸다. 알이 작은 것과 캐면서 홈집이 난 것들, 굼벵이가 먹은 것들은 다 골라내고 상자에 담은 것을 남아 있는 감자들 보고 알았다. 이미 다 담은 상태에서 얼굴 붉히고 싶지 않아 그냥 남은 것들을 모아왔다.

생협 조합원들의 교육은 다시 이루어져야 할 것 같다. 그냥 좋은 먹을거리 찾아서 움직이는 사람들이라면 그건 생협의 취지에도 어울리지 않으며, 역시 연두농장과도 어울리지 않는다. "생협 조합원 교육을 연두농장이 시킬 수 있도록 일정을 잡아 주었으면 좋겠어." 생협 간사에게 당부했다. 생협 모임에 내가 나가서 연두농장에 대한 설명만이 아니라 생협의 초심과 방향을 제시해줘야 한다는 생각을 한다. 8월 하반기에 조합원 교육 일정을 잡기로 했다.

불교생협 상무와 생협 조합원들이 농사짓기에 참여하지 않는 것은 명백한 오류라는 얘기를 나누었다. 지금 곳곳에서 이루어지고 있는 체험 정도의 수준은 이것을 포괄할 수 없다. 생협 조합원들이 농사짓기에 참여할 수 있는 구체적인 계획을 마련해봐야겠다.

연두농장은 귀농을 하고 싶은데 돈이 없는 사람들이 1차 귀농을 하는 곳으로 정체성을 가져나간다. 돈이 있는 사람들은 귀농운동본부나

귀농학교에 가서 돈 주고 배우면 된다. 연두농장은 땅 한 평 자신의 이름으로 가지지 않은 사람들, 가질 수 없는 사람들이 모여 일을 하면서 농업에 대해 머리 맞대고 부딪히며 다양한 실험을 해나가는 곳이다. 연두농장이 거점이 되어 진행되며 연두농장에서 일을 하다가 남부 지방으로 귀농을 희망하는 사람들까지도 연계해 줄 수 있도록 그림을 그려나갈 예정이다. 연두농장이 연두농장의 일만으로 끝나지 않는 이유가 여기에 있다.

이번 감자 체험과 여러 일을 겪으면서 소비자가 말 그대로 소비자로만 머물러 있을 때 농과 농업은 그 가치를 잃게 된다는 것을 깨달았다. 생산자와 소비자, 분절된 개념은 사라져야 할 것으로 연두농장이 경계를 하고 분명히 해나가야 할 일이라는 것을.

힘들게 일해야 몸이 편안해집니다

장마가 끝나고 한낮 온도 32도, 살갗이 익는 무더위 속에서 연두농장은 풀 작업이 한창이다. 풀을 매면서 비닐 멀칭에 대한 미련이 또다시 고개를 든다.

땅 주인이 다른 사람을 통해 풀에 씨가 맺히도록 매지 않는다는 불만을 전했다고 한다. "아니, 장마 기간에 풀 작업하는 사람이 어디 있나? 비가 오는데 밭에 들어가랴?" 그 말에 대뜸 화가 났다. "아니, 그런 얘기가 아니라 일반적으로 사람들은 풀을 보기만 하면 뽑잖아. 그런데 그 많은 사람들이 지나가면서 풀 하나 뽑지 않는다는 얘기지." "풀을 왜 뽑아. 뽑을 때 뽑아야지. 우리는 풀을 일일이 뽑지 않아. 풀 뿌리가 유용하기도 하거든. 작물이 풀을 이기면 굳이 풀을 뽑을 필요가 없거든." 관행농을 했던 그들에게 풀은 무조건 뽑아야 하는 것으로 보인다. 나는 한 술 더 떠서 내년에 땅을 더 빌리기로 한 것을 다시 생각해봐야겠다고 큰소리를 친다. "할머니 밭에는 제초제를 치더구만. 우리가 그 밭을 빌려야 할 지 오히려 고민이다."

둘레의 밭들은 아주 깨끗하다. 제초제를 뿌리기 때문이다. 제초제를 뿌리면 풀이 누렇게 변한다. 말라 죽는 것이다. 제초제를 한 번만 뿌리는 것도 아니다. 잡초가 워낙 생명력이 좋아서 한여름에는 두 번 정도 뿌려야 한다. 둘레의 농가들은 나이 든 분들만 농사를 짓기 때문에 제초제에 의존할 수밖에 없기도 하다.

3천 평에서 열 사람이 일하는 우리 농장에서도 불볕더위에서는 풀관리에 허덕이고 있으니…. 한국작물보호협회에 따르면 '농약 사용은 줄어든 반면 제초제 사용은 꾸준히 증가 추세에 있다'고 한다. 요즘처럼 불볕더위에 낫으로 풀을 베는 일은 고역 중의 고역이다. 더위만 문제가 아니라 제 아무리 중무장을 하더라도 옷을 뚫고 달려드는 모기에 목부터 발까지 모기침에 부풀어 오르고 긁느라 힘겹다.

"농번기 풀관리에 대한 방법만 확실히 나오면 일은 반으로 줄어듭니다. 제초에 대한 연구를 좀 해보세요." 새로 온 팀원에게 연구 과제를 내놓았다. "베어 놓은 풀도 15~20센티 이상의 두께가 되어야 풀을 억제할 수 있어요." 이렇게 덮어 놓아도 마르면 또 풀들이 올라온다. 농번기 이맘 때가 되면 지난해에 이어 풀관리 숙제로 머리가 복잡해진다.

그러니 비닐 멀칭에 대한 생각을 안 할 수 없다. 연성동 콩밭과 고구마밭을 제초할 생각만 하면 끔찍하다. 비닐멀칭하자는 제안을 묵살하고 난 뒤에도 맘이 편하지 않았는데 불볕더위가 되니 더욱 그러하다. '콩밭 매는 아낙네야. 베적삼이 흠뻑 젖는구나….'

"휘발유 사오게 돈 좀 주세요."

"무슨 휘발유?"

"예초기랑 관리기에 넣을 휘발유."

기계를 들여온 순간 석유에 의존하게 된다. 예초기나 관리기가 있어 편리하고 일하는 속도도 훨씬 빠르기는 하다. 최소한의 기계를 쓴다고 하지만 일 만평 이상이 되면 기계에 기대지 않을 수 없다. 사람이 많다고 일 만평을 일일이 낫으로 제초할 수는 없다. 기계농을 하지 않는 방법을 연구해야 하는데. 석유를 쓴다는 이유만으로 기계에 반대하는 것은 아니다. 기계를 쓰게 되면 땅과 인간 사이에 기계가 존재하게 된다. 기계를 운전하는 일이 인간의 일이 되는 것이다. 인간은 기계를 조작하게 되고 농사는 기계가 대신하는 것은 기계노동일 뿐이다.

낫질을 하면 분별할 수 있는데 예초기를 쓰면 까마중, 비듬나물, 며느리밑씻개도 볼 틈이 없다. 인간의 기와 식물, 땅과 나눌 수 있는 기가 사라진다. 도구인 낫은 인간과 식물의 간극을 벌려놓지 않지만 기계는 간극을 벌려 놓는다.

얼마 전에 새로 온 팀원 한 분은 중풍으로 쓰러졌었다. 장애 3급이라고 하지만 정상인이다. 그 분의 기는 정상적인 사람보다 더욱 충만하다. 그 분의 말을 기억한다.

"몸을 계속 움직였어요. 힘든 일을 하지 않는 것이 아니라, 힘들게 일을 해야 몸이 편안해집니다."

"지금 농사일 힘들지 않아요?"

"아니요. 이건 일도 아니에요. 전에 있던 곳에서는 새벽 4시부터 일했어요. 여기 와서 게을러지고 있어요. 이 게으름도 익숙해지겠지요."

지금 그 누구보다도 열심히 일을 하는 이 분은 "이게 일인가요? 놀이지요"라고 말한다. 농의 가치에 대해 누구보다도 잘 알고, 꾸준히 공부를 하는 새 팀원 '형님'-내가 부르는 호칭이 두 가지인데 하나는 '형님', 놀리고 싶으면 '할아버지'라고 한다-을 보면 떠오르는 장자의 이야기가 있다.

주공(장자)이 한강 북쪽 지역을 여행하고 있을 때 채소밭을 일구고 있는 한 노인을 보게 되었다. 그 노인은 밭의 물골을 파고 있었다. 그는 혼자서 아래쪽 우물로 내려가 항아리에 물을 담아 와서는 그것을 위쪽 물골에 쏟아 붓는 고된 작업을 되풀이하고 있었던 것이다. 그 노인의 노력은 실로 대단한 것이었지만 노력에 비해 결과는 매우 보잘 것 없어 보였다.

주공은 말했다. "그처럼 큰 힘을 들이지 않고도 하루에 많은 물을 물골에 댈 수 있는 방법이 있습니다. 한번 들어보지 않으시렵니까?" 그러자 그 농부는 허리를 펴고 일어서서 그를 쳐다보고 말했다. "도대체 그게 어떤 방법입니까?"

주공은 대답했다. "영감님께서는 뒤쪽이 무겁고 앞쪽이 가볍게 만들어진 나무 지렛대를 하나 만드세요. 그것으로 물을 빨리 퍼 올리게 되면, 물은 그 다음 저절로 솟아오르게 됩니다. 사람들은 그것을 흔히 두레 우물이라고 부르지요."

그러자 그 노인의 얼굴에는 분노의 표정이 일었고 곧이어 그는 다음과 같이 말했다. "소인은 소인의 스승으로부터 어떤 일을 할 때 기계장치를 사용하는 사람은 모든 일을 기계처럼 하게 되기 쉽다고 들었습니다. 자신의 일을 기계에 의존해서 해치우는 사람은 기계와 같은 마음을 키우게 되고 가슴에 기계와 같은 마음을 지닌 사람은 자신의 단순성을 잃게 됩니다. 또 단순성을 잃게 되는 사람은 결국 자신의 기에 대한 믿음을 잃어버리게 되지요."

사람이 가진 정신의 힘, 즉 기에 대한 믿음을 잃어버린다는 것은 곧 진실한 느낌을 믿지 않는다는 것이며 그것은 단순히 기에 대해 무지

하다는 차원을 넘어 기를 활용하는 것 자체를 부끄러워하게 된다는 것을 의미한다.

중풍을 앓았던 새로운 팀원이 밭을 갈고 있다.
그는 중풍을 앓고 난 뒤 농사에 관심을 가지기 시작했다

살아남기

그동안 연두농장 풀작업과 고추따기, 배추 모종내기, 무 씨앗을 뿌리느라 연성동 밭에 갈 엄두를 내지 못했다. 장마기간도 그렇게 보냈고 뙤약볕 긴 날도 방치된 연성동 밭에는 잡초가 작물보다 더 크게 자라 있었다. 과연 잡초농사를 짓고 있었다.

예초기를 들고 고랑의 풀을 베는 남성 팀원, 여성 팀원들은 한 이랑씩 맡아 풀을 베었다. 쪼그리고 하는 일은 주로 여성이 하고 남성들은 기계를 들고 일을 한다. 경운기 없이 수작업으로만 농사를 하는 경우에는 남성이 거의 필요가 없다.

하우스를 하게 된다면 남성들이 시설을 돌본다. 하우스 안에 심고 수확하는 일은 여자들이 한다. 남자들은 서서 일을 하고 여자들은 주로 쪼그리고 일한다. 그래서 여성과 남성이 같이 일을 해야 한다는 말이 있지만 그것도 틀린 말일지도 모른다. 대형기계가 아니면 여성도 기계를 다룰 수 있으며, 남성도 쪼그리고 일을 할 수 있다.

소농이라면 남성과 여성의 일이 그리 다르지 않을 게다. 기계가 배척되면 성 구별의 노동은 없을 것이다. 과거에 소로 쟁기질하는 것을 대체로 남자가 하기는 했다. 근력이 요구되는 것은 가족농에서 당연히 남자에게 돌아간다. 여성과 남성의 차이는 분명히 있다. 근력의 차이로 남녀 노동의 구별은 되지만 기계가 농사를 하면서부터는 남성이 기계 노동을 한다.

"팀장님, 우리가 한 이랑 할 때 팀장님은 겨우 5미터밖에 못했으니 차라리 예초기를 들고 하서요."

팀원이 팀장에게 이랑으로부터 퇴출 명령을 내렸다.

"뭐, 좋아! 예초기 나도 한번 해보지. 한번 해보고 싶었는데…."
이렇게 해서 예초기 작업을 배우기 시작했다.

"애기 안은 기분이네!"

날의 무게 때문에 약간 무겁게 느껴졌다. 남성 팀원의 지도 아래 예초기를 들고 고랑 풀숲을 베기 시작했다. 예초기의 위험성을 계속 들어왔던 터라 약간은 두려움이 있었다. 풀 아래 돌덩이가 있어도 분간하기 어려우니 돌덩이에 부딪히면 몸이 뒤로 밀쳐진다. 한 고랑의 길이가 70미터 정도, 그 정도를 하고 나니 땀이 옷을 적신다. 힘이 들어가는 오른팔이 뻐근하다.

"어머, 담배를 물 수가 없네. 이것 봐, 손이 떨려."

한 고랑을 매고 난 뒤 다시 하겠다고 덤벼든다.

"너무 무리하는 것 아냐? 오기로 하지 마. 몸에 힘이 없으면 사고 난다."

좀 익숙해진 예초기질을 계속 하며 풀들이 쓰러지는 모습을 보는데 맘이 좀 이상하다. 쓰러져가는 풀들, 고구마 줄기도 가끔 잘려나간다. 예초기 날이 닿는 것이면 픽픽 쓰러져간다. 조용한 마을에 갑작스럽게 무제한 폭격을 가하는 것처럼. 서너 고랑이 되어가니 이런 마음도 무뎌진다. 제대로 명중을 시키기 위해 애쓴다. 단칼에 베어가는 데 재미를 느낀다. 감성은 둔탁해져버린다. 폭력에 익숙해져버린 사람처럼.

"와, 이것 봐라. 고구마 줄기가 잡초를 타고 위로 섰다!"
예초기를 메고 풀을 베던 팀원이 소리친다.
"고구마 줄기가 발기했구만."
잡초들에 눌려 빛을 받지 못할까 걱정했는데 고구마 줄기들은 스스로 빛을 찾아 잡초 위로 뻗어간 것이다. 잡초가 빛을 가리고 무성했지만 고구마도 거기에 질 세라 생존을 위해 줄기들을 뻗었고 일부 그런 에너지를 가지지 못한 줄기는 풀 아래서 크지 못하고 숨죽여 있었다. 잡초 속에서 살아남기 위한 몸부림이었다.

아침부터 시작한 반나절의 작업은 쉽지 않았다. 고구마 밭의 3분의 2를 해내었다. 풀들이 이랑과 고랑에 덮였다. "고구마들이 시원하겠다!" 팀원 한 사람이 자신이 고구마 줄기가 된 것 마냥 말한다. 고구마가 시원한 지는 잘 모르겠지만 사람 입장에서 보면 만족스러울 게다.

"나머지는 실험을 위해 남겨 둡시다."
고구마 줄기가 잡초들 사이에서 어떻게 살아남기를 하는지, 수확이 작더라도 해보고 싶었다.

"단지 고랑은 작업을 하구요, 왜냐하면 잡초가 너무 무성하면 통풍이 원활하지 못하니까요. 고랑이라도 해두면 통풍은 큰 문제가 없을 것 같아요."
이렇게 나머지 이랑은 고구마 살아남기를 지켜보기로 했다.

종이멀칭을 하고 고추와 토마토를 심는 팀원들

'연두'스런 세 친구

저마다 다른 사람들이 모여 농사를 지은 지 1년 5개월이 지나가고 있다. 요즘 농장 팀원들, 특히 이 세 사람을 보면 기쁘기 그지없다.

은광이는 지난해 끝여름에 농장에 왔다. 어리게 보이는 이 친구가 중학생 딸아이를 가진 엄마라는 것을 알면 화들짝 놀란다. 체구도 조그맣고 어리게 보이기 때문이다. 집단농장은 원래 텃새가 심한 법. 자신들의 영역에 들어오지 못하면 왕따가 된다. 새로운 팀원이 오면 만만한 상대인가 아닌가를 탐색한다. 만만한 상대라고 판단하면 바로 집단적 행위를 하는데 왕따가 그러한 현상 가운데 하나이다.

은광이는 소위 왕따였다. 은광이는 내게 마음을 터놓곤 했다. 은광이는 사춘기 여고생의 감수성을 가지고 있다. 농장에서 나를 보면 마치 엄마를 만난 양 기뻐하고 행복해했다. 이런 것을 보고 어떤 팀원은 능구렁이라고 했지만 무시했다. 그런 모습은 오히려 보는 이들의 마음에서 비롯된 것이니까.

한여름 2교대할 때 은광이는 차라리 뙤약볕에서 일해도 좋으니까 2교대를 없애자고 했다. 많은 사람들이 모여서 같이 있는 것이 좋다고. 은광이가 이전과 다른 모습으로 내 눈을 가득 채운 것이 9월부터

다. 늘 방실방실 웃는 모습이었지만 지금 보는 은광이의 웃는 모습은 해맑음 그 자체이다. 해맑은 웃음으로 대하는 은광이에게 조심스럽게 물어본다. 아직도 집에는 암투병하는 아버지가 있고 수발하느라 힘겨워하는 엄마가 있으며 자신에게 모든 짜증을 던져주는 부모님으로부터 자신은 인정받지 못하고 있으며 자신이 책임지고 살아가야 할 딸아이가 있는 것은 이전과 다름이 없다.

하지만 은광이는 자신이 이 모든 것을 받아 안아야 한다는 마음을 만들어가고 있다. 은광이는 자신의 가족 상황이 짜증난다고 하지만 그녀의 마음은 이 모든 것을 자신이 안고 사랑해야 함을 생각이 아니라 몸으로 체득하고 있다. 한편으로 농장 사람들과도 친숙해졌다. 친구라 부르는 현순이도 있고 자신보다 더욱 적극적 소통이 필요한 완례 언니도 들어왔기 때문이다. 처음에는 완례 언니에 대한 부정적 태도를 완고하게 표현했지만 심층 상담과 회의를 통해 완례 언니에 대한 태도를 조금씩 고치게 되었다.

며칠 전에는 고추 닦는 곳에서 웃음소리가 끊이질 않길래 봤더니 은광이가 사람들에게 긴 웃음을 주고 있었다. 늘 밝은 얼굴을 가지게 된 것, 이것이 연두농장의 힘이리라.

푸석푸석하고 병자와 같은 얼굴, 생의 괴로움에 찌든 현순이의 얼굴은 지난해부터 벗겨지기 시작했다. 마광수가 〈나는 야한 여자가 좋다〉라는 시에서 '화장기 있는 얼굴 뒤에 순수함을 볼 수 있다'고 한 역설이 아마도 현순이를 두고 하는 말이 아닐까 하는 생각이 든다. 화장을 하고 외모에 신경을 쓰기 시작한 그녀는 단순히 화장을 해서 자신의 부족한 것을 감추려고 하는 것이 아니라, 더욱 자신감을 찾아나가는 것이리라. 의사표현을 제대로 하지 않았던 그녀가 자신의 의사표현을 적극적으로 하는 것이 그 반증이다. 그녀의 끼가 어디까지 발견되고 어떻게 실행되는지 궁금할 정도다.

그녀의 상황을 이해해주는 팀원들이 함께 하면서 얼굴이 환하게 바뀌어가면서도 여전히 농장에서는 자신의 모습을 안아주기만을 바랬던 또 다른 응석받이라는 생각이 들었다. 새로운 팀원 완례 언니가 들어오고 현순이는 싸우기도 몇 번, 의사소통이 안 된다고 하면서 팀 배속을 달리 해달라는 것을 면담을 하면서 바꾸어가기 시작했다.

그녀의 일상적 스트레스가 '가족관계 문제를 어떻게 풀어나가나?'였다면 이제는 본격적으로 '농장에서 어떻게 너의 역할을 해나갈 것인가?' 지금까지 살아왔던 수동적 자세를 바꾸는 문제이며 그것의 첫 단추가 관계의 소통방식을 배우는 일이라는 것을 얘기했다. 관계의 소통방식의 출발점은 다른 곳에서 배우는 것과 다르다는 것. 바로 이타적 인성을 키워나가는 것이 연두 방식이라고 얘기했다. "완례 언니에게 네가 일을 가르치면서 이타적 인성을 스스로 배워라, 그러기 위해서는 무엇보다도 인내심이 있어야 한다."

그녀가 그날로부터 조금씩 바뀌고 있었다. 현순이는 술주정이 있었다. 술을 마시면 옆에 있는 사람을 붙들고 매번 반복되는 신세타령을 했고, 그것을 들어주지 않으면 '그래, 난 친구가 없다'는 둥 옆에 있는 사람들을 달아나게 했다. 8월 말까지도 그랬던 그녀가 9월 평가회의 끝나고 회식하는 날, 끝까지 남아 있다가 맥주 더 마시고 가자던 것을 내가 거절하자 삐져 돌아간 뒤 전화를 했다. "완례 언니와 중구 씨 부탁해요."

그녀가 일을 해나가는 모습을 보면서 나는 이제 내가 한껏 안아주어야 하는 현순이가 더 이상 아니라는 생각이 들었다. 현순이가 지금까지 살아온 삶이 신이 그녀에게 준 '커다란 선물'을 억압하고 어둡게 만들었다는 것. 이제 현순이가 자신에게 있는 끼를 어떻게 발휘할 수 있는가는 병든 남편과 자식에게 헌신하는 것만이 아니라, 핏줄이 아닌 다른 이에게도 헌신할 수 있는 인성을 가지는 것. 그것으로부터 그녀의 삶은 새로워지지 않을까라는 생각을 해본다.

그녀가 처음 농장에 왔을 때 기관으로부터 정보도 그랬고 농장에서 실습했을 때 그녀에 대한 팀원들의 평가도 매우 부정적이었다. '소통이 되지 않는다', '고집이 세다', '자기 마음대로 한다', '일할 생각 안 하고 쉴 생각만 한다' 등등. 종합적인 의견은 일을 같이하기 어렵다는 것이었다. 그녀는 연두농장 식구가 되고 집단 왕따를 당하기 시작했다. 그 현장을 몇 차례 목격하고 팀원 전체 1인 심층면담에 들어갔다. 심층면담을 한다면 팀원들은 모두 긴장한다. 여러 자리를 통해 개별적으로 많은 얘기를 할 수 있는 기회가 만들어지기에 팀원 전체 심층면담은 특별한 일로 간주되기 때문이다. 지난 해 팀원들 관계에 심각한 갈등을 보고 공식적으로 심층면담을 했고, 이번에는 책임제 도입하고 나서 하는 것이기에 이틀 동안 내 하루 일과 전부가 11명 면담에 집중하니 더욱 그러하다.

처음에는 일하기 어떤가 정도의 가벼운 질문이 오가면서 완례의 개인역사로 들어가기 시작했다. 중간 중간 질문하면서 그녀의 가슴 깊이 묻어 둔 이야기 속으로 들어갔다. 어린 시절부터 지금 여기에 이르기까지.

"그럼 네 살 난 아이를 빼앗긴 뒤 아이를 본 적 있어요?"

"아니요. 못 봤어요. 못 보게 했으니까…."

그녀는 눈물이 그렁그렁한 채 겨우 말을 내었다. 내 눈물이 주르륵 흐르고, 계속 질문이 이어졌다.

"그럼 새로 만난 남편하고는 왜 아이가 없어요?"

"그때 정부에서 아이를 가지지 말라고 하면서 마을마다 돌아다니면서 루프를 끼라고…."

"얼마나 오랫동안 착용했는데?"

그녀가 늘 척추 아래쪽이 아프다고 한 이유가 여기에 있겠다는 생각이 들었다. 그녀는 어린 시절부터 엄마의 똥오줌을 받아내는 수발부터 지금에 이르기까지 가난을 벗어 본 적도 없고 가난만이 아니라 가족의 행복도 가져보지 못했다. 단 하나의 친구도 없는 그녀. 난 그녀와 얘기를 나누면서 흐르는 눈물을 멈출 수 없었다.

"이 바보야, 너 왜 태어났어? 이 바보야."

우리는 부둥켜안고 울었다.

"이제 친구는 내가 될게. 내가 아무리 바쁘게 움직여도 하고 싶은 말 있으면 날 붙들어요."

"팀장님이 어떻게 친구가 돼?"

"팀장할 때는 팀장님이고, 친구일 때는 친구니까 나는 친구할 준비가 되어 있으니까 나를 친구로 만드는 것은 당신이 하는 거야."

그녀와 얘기하고 난 뒤 단위별 생산책임자들과 회의하는 자리에서 소위 왕따에 대한 경고를 했고, 평가회의를 통해 왕따 현상에 대한 집중토의 시간을 가졌다. 그 뒤로 완례에 대한 왕따 현장은 쉬이 목격되지 않았다.

"어때 요즘?"

"좋아요."

단순 명백한 그녀, 그녀의 삶은 '너와 나라는 복잡한 이해관계'를 배우지 않았다. 그녀가 자신의 삶에 욕심을 가졌다면 이런 것을 배웠을 지도 모른다.

하지만 그녀는 그런 욕심을 가지지 않았다. 그저 목숨을 이어가기 위해 일을 하였고, 그 돈마저 병든 엄마의 손에 맡겨졌다. 그녀는 돈에 대해서도 욕심을 내지 않았다. 만약 돈에 대해 욕심을 가졌다면 돈 관리하는 법을 배웠을 것이다. 그녀는 욕심을 내지 않았다. 아니 욕심을 내봐야 자신의 한계 때문에 버렸을지도 모른다. 왜 이런 일이 있어야 하고 왜 이런 것이 필요한가 설명하면 그녀는 이해한다. 그리고 그녀는 자신의 행동에 대해 충분히 설명한다. 그녀는 자신도 이해하고 다른 사람도 이해할 줄 안다. 담백하다고 할까. 그녀는 자기에게 어떤 이득이 있을까를 생각하지 않는다. 누구의 말대로 그녀는 비워져 있기에 채우는 것만이 남아 있을 뿐이다. 그래서 그녀를 두고 '가장 자유로운 사람'이라고 얘기했나보다. 어쩌면 그녀는 연두의 가치에 가장 잘 어울리는 사람일 지도 모른다.

은광이와 현순이 그리고 신참 완례.
누구보다도 물질적으로 가장 어려운 친구들. 자본주의 경쟁 사회에서 살아가기 힘겨운 사람들. 복잡하거나 이해타산에 '약삭 빠르게' 움직이지 못하는 이들, 무엇보다도 마음을 숨기지 못하는 이들. 순수한 이들.
내가 농장에 들어섰을 때 세 명이 앉아서 웃고 얘기하는 모습을 보고 얼마나 기뻤는지, 행복했는지. 난 그녀들에게 화장품을 선물하기로 했다. 이들이 아무리 진하게 화장을 해도 그 뒤의 순수한 얼굴은 변하지 않을 테니.

'연두' 존재의 이유

　무가 예년과 달리 쑥쑥 잘 자라는 이유가 무엇일까? 하나는 밭가는 이의 마음이 땅과 교감을 이룬 것이고 두 번째는 소단위 생산책임제에 따라 재배하는 이들의 정성이 어우러진 것이며 세 번째는 밤마다 아래밭에서 이루어지는 막걸리 잔치를 하는 사람들의 눈길이 늘 아래밭에 머물기 때문이다.

　연두는 올해 두 가지 화두를 가지고 있다. 하나는 북한식 집단농장과 연두농장은 어떻게 다를까? 다른 하나는 농사의 패러다임을 바꾸는 것이다. 이 두 가지는 연두의 가치가 무엇인가에 따른 화두이기도 하다.

　연두농장은 소단위 생산책임제를 도입했다. 도입의 의도는 인간 중심의 재배방식에서 식물 중심의 재배방식으로 바꾸자는 것이다. 여기에 근무하는 사람들은 농업노동자에 불과하다. 9시에 출근하여 5시에 퇴근하고 작업을 지시하면 그 일을 하는 것이었다. 그저 생계비를 벌기 위해 출근하여 일하는 모습 이상을 바라기 어려웠다. 그러다 보니 식물이 필요한 물은 사람이 줄 시간이 있을 때 주는 것이었고, 정성은 팀장의 정성 이상으로 되지 않았다. 작업을 주로 하는 이들의 정성은 기계적 노동에 불과했다. 아무리 식물 중심으로 하라고 해도 그것은 희망사항일 뿐이었다.

소단위 생산책임제는 시간의 탄력적 운용을 포함한다. 시간의 유연성을 기본으로 하지 않으면 식물 중심이 아닌 역시 인간 중심의 농사가 된다. 팀원들은 아직 여기까지 가지 않았다. 그들은 여전히 출퇴근 시간 언저리에 있으며, 주말에 잠시 농장에 필요한 일을 한다. 시간의 유연성은 일단 책임 단위의 경쟁의식에 밀려있다. 윗밭과 아래밭은 경쟁을 하고 있다. 책임제에 따른 더 많은 작업량과 노동의 밀도는 경쟁으로 비롯되었다. 경쟁의 인센티브로 주어지는 것이 없는데도 팀원들은 책임제를 충실히 행하고 있다. 지금까지는 긍정적이다. 자발적 학습을 하지 않았던 사람들이 식물재배에 대해 스스로 공부를 하고, 단위별 단합하는 힘이 크다. 팀원들 자신들이 갖게 된 자부심도 크다. 소단위 생산책임제는 어디까지나 농사에 근거한 것이다. 작물을 재배하는 것이다. 일주일에 두 번 정도는 영양제 얘기가 나온다. 자재창고의 영양제가 동이 났다. 영양제를 불필요하게 준다. 그래도 나는 간섭하지 않는다. 과다한 영양제는 오히려 해가 된다는 것을 스스로 배울 수 있기 때문이다. 나는 이미 '수확량 감소가 있더라도…!' 선언해놓은 것을 팀원들은 아직 깨닫고 있지 못한 듯하다. 상업농을 한다는 것은 수확량의 극대화를 목표로 한다. 수확량의 감소를 감수하더라도 연두농장이 새로운 농 실험에 무게를 두는 것은 연두 가치를 실현하는 일이다.

소단위 생산책임제는 크게 세 단위로 이루어진다. 농자재팀, 윗밭(김장배추, 고추)팀, 아래밭(쌈채, 무밭)팀이다. 각 단위의 책임자는 나이가 가장 많은 사람들이다. 나이를 우선적으로 고려한 것은 아니지만 단위별 팀원들이 자연스럽게 따를 수 있고, 한편으로는 나이 많은 책임자들이 아랫사람들을 잘 이끌어주면서 모범을 보일 때 연장자로서 존중을 받을 수 있기 때문이다.

윗밭 책임자는 앞으로 연두농장을 이끌어갈 재목으로 인정을 받은 사람이다. 그래서 그녀에게 중요한 작물인 김장배추를 맡겼다. 그녀는 지난해에 반장도 했으며, 현장 감각도 있고, 학습을 게을리 하지 않는다. 우선 책임을 다하는 태도가 있다. 지금 윗밭 팀원들은 책임자와 어느 정도 거리가 있던 사람들이다. 일부러 이들을 윗밭팀에 배치한 이유는 생경한 책임자와 조화를 배우고, 팀쉽(team-ship)을 배우게 함이다. 지금까지는 잘 해나가고 있다.

아래밭 책임자는 아직까지 일을 주도해보지 않았지만 지도자가 되고 싶어 하는 그녀의 욕구가 긍정적 작용을 할 수 있는 것을 배려했다. 그러나 새로운 단계로 들어갈 때 이 욕구는 걸림돌이 될 수 있다. 자신의 욕구를 공동체 의식에 녹여내지 못한다면 말이다. 같이 하는 팀원은 책임자가 누구든지 맞추어 나갈 수 있는 포용력을 가지고 있으며 농사에 대한 애정이 있다. 농 생활에 대한 애정이 책임자의 성향과 상쇄 효과를 가질 가능성이 있다.

자재팀은 환상의 드림팀이라고 할까? 자재팀장은 9월 1일부터 연두농장 부팀장으로 선임된 사람이다. 나와는 전방위적이고 심층적인 대화가 가능한 사람이다. 무엇보다도 농의 가치를 아는 사람이다. 그가 현순이를 자재부 책임자로 정했다. 현순이는 벌써 발군의 노력을 보이고 있다. 책임이 주어지자 현순이는 일을 주체적으로 하기 시작했다. '촌스런' 그녀는 자재팀의 보물이다. 내면의 자유가 있는 완례가 자재팀에 있고 또 신참인 중구가 있다. 앞으로 들어오는 신참자들은 자재팀에 배속된다. 자재팀에는 자재 책임자의 직관력과 예리한 관찰력이 있어 내가 간섭하지 않아도 사람들의 내면과 능력을 끌어낼 수 있기 때문이다. 팀장은 자재팀에 배속되어 있다. 팀장인 내가 자재를 잘 알고 있고, 연두농장의 변화가 자재로부터 이루어지기 때문이다. 현순이가 자재팀에서는 내 직속 상사인데 내가 연두농장의 대장으로 일을 시키기 어려운 점이 있지만 무엇보다도 내가 농장에만 있는 것이 아니기에 나에게 작업 지시하기가 쉽지 않다. 이러다가 나는 자재팀에서 방출될 확률이 크다.

소단위 생산책임제의 과제는 시간의 유연성을 활용하는 것이다. 시간의 유연성, 즉 시간을 작물 재배에 맞추는 것이다. 농사를 짓는 사람들은 해가 뜨면 밭에 나가고 해가 지면 집으로 돌아온다. 뙤약볕 아래에서는 식물도 지쳐 있고 사람도 지친다. 한낮에는 밭일을 하지 않는다. 8시간 노동, 출퇴근 개념을 없애는 것이다. 때로는 4시간 노동이 될 수 있고, 10시간 노동이 될 수 있다. 출퇴근이라는 것은 획일적 시간의 개념이다. 문전옥답이라는 말은 '문 가까이 있어 작물에 수시로 관심을 가지면 토지가 비옥해진다'는 말이다. 출퇴근의 시간 개념은 기계, 분절 노동이 만들어낸 산물이다. 출퇴근은 사적 영역과 공적 영역의 분리를 의미하고, 가족 단위의 노동이 사라지고 도시 산업화되고 산업노동자가 출현하면서 생긴 개념이다.

농사에 도입하는 소단위 생산책임제에는 반드시 시간의 유연성이 포함되어야 한다. 아직 여기까지는 이르지 못했다. 특근이라는 개념, 대체휴무라는 것이 사라지고 일방적 작업지시, 강제성을 벗어나 자율성에 기초한 것이 소단위 생산책임제이다. 여기에 하나를 덧붙여야 한다면 인센티브제이다. 소단위 생산책임제를 지속적으로 유지하고 자율성을 근간으로 한 하나의 시스템으로 정착시키기 위해서는 인센티브가 주어져야 한다. 인센티브는 환전성을 포함할 수도 있고 무형의 미래 자산일 수도 있다. 무형의 미래 자산은 다양한 교육을 통해 자활을 보다 적극적으로 할 수 있다.

책임자들에게는 개인적 자질만이 아니라 공동체 의식이 필요하다. 그러기 위해서는 '공동체적 인성'이 있어야 한다. 단순히 똑똑하다고 책임자가 될 수 없다. 연두의 책임자는 최소한 수학적(철학적) 개념 2의 n승을 알아가고, 다른 사람을 통해 자신을 알아야 하며, '개념적 인간'이 되어야 하는 것이다. 사회를 바로 보고 자연 속에서 관계를 맺고 살아가는 '자유'가 내면화되어야 한다.

'공동체적 인성'이 없으면 연두농장은 상업적 가치에 허덕이는 농업 인력밖에 되지 않으며 이러한 농업 인력은 자본주의를 뚫고 나갈 힘이 없다. 단순한 농업인력, 자본주의의 보호만을 요구하는 농업 인력은 말 그대로 농업노동자로 전락할 뿐이다. 절망을 맛본 사람이, 물질적으로 빈곤한 사람이 '천박하게' 전락하느냐, '남루하지만 천하지 않은 자'로 품위를 가질 수 있느냐가 연두농장의 기준이다. 돈이 없는 사람들이 '돈'에만 그 기준을 둔다면 천박할 수밖에 없다. 천박하다는 것. 그들은 끊임없이 자신을 초라하게 만들 수밖에 없고 언제나 비교 수치만을 가지게 될 것이다. 즉 허망한 욕심만을 안고 늘 만족하지 못할 것이다. 내가 팀원들에게 '검박한 생활'을 누누이 강조하는 것이 바로 이러한 이유 때문이다.

돈을 벌기 위해 일하고 돈은 소비하기 위해 있는 것. 더 많은 돈을 갖기 위한 것은 더 많은 소비를 하고자 함이다. 화폐-노동-소비 이것은 불가분의 관계이므로 '검박한 생활'을 근간으로 하지 않으면 노동의 즐거움은 결코 가질 수 없다. 소비적 인간들에게는 결국 더 많은 돈이 주어질 때 노동의 즐거움이 있을 것이기 때문이다. 그것은 노동의 즐거움이 아니다. 그것은 더 많은 사치를 조장해내고 돈의 욕심은 더 많은 노동을, 그리하여 노동의 노예, 즉 소비와 돈의 노예로 전락하는 '천박한 삶'이 될 수밖에 없다.

농사의 패러다임을 바꾸는 것은 어떻게 가능한가?

식이요법 사업을 다음 해에 준비하고 있고, 한여름 뙤약볕 제초에 모두 전전긍긍하면서 제초 방법을 고민하는 것은 당연하다. 그런데 제초를 하면서 버려지는 것들은 인간의 중심에서 인간의 눈으로만 선택된 것이다. 인간이 취사선택한 작물들은 밭에서 보면 배추, 무, 상추 등이다. 까마중, 쇠비름, 개비름, 닭의장풀 등 소위 산야초라고 불리는 잡초는 인간의 관심에서 배제되었다. 뚝새풀은 번식력이 제일 좋은데 인간의 먹을거리로 이용되기보다 땅에서 유기물화가 되면 된다. 피도 마찬가지다. 피는 벼와 비슷한데 피의 열매는 수확하지 않고 버린다. 그리고 벼농사에서 피는 경쟁상대가 되는 것이다. 한국전쟁 때 벼는 없고 피만 무성하여 피죽을 끓여먹던 시절이 있었다.

산야초라고 하는 잡초들은 한방에서 여전히 한방약재로 쓰인다. 줄기나 뿌리를 주로 쓰는데, 소위 '기능성'이 있기 때문이다. 인간의 입은 간사하여 주로 잎을 먹는다. 인간의 입이 좋아하는 잎은 잎대로 먹으면 될 일이다. 요즘 통밀, 현미 등 통곡류가 웰빙 식품으로 되는데 채소도 가능한 것이다.

가지와 뿌리 그리고 잎 모두 인간의 먹을거리가 된다. 인간은 식물의 잎에 집중하는데 이것이 소위 쌈채소이다. 쌈채소라고 하는 것이 상추 등 잎을 먹는 것인데 잡초의 어린잎은 재배되는 작물보다 훨씬 맛이 좋다. 나는 잡초를 먹기 시작하면서 우리 농장에서 재배하는 쌈채소를 먹지 않는다. 관심도 멀어진다. 오히려 재배하는 쌈채소 옆에

뽕잎을 말려 뽕잎차를 만든다.

쇠비름과 잡초로 만든 비빔밥

서 자라나는 잡초를 뜯어 먹는다. 잡초의 생명력은 질기다고 한다. 생명이 있는 인간은 생명을 먹어야 한다. 생명의 기준은 생식능력이 있느냐다. 생식능력이 있는 것은 잡초 말고는 거의 없다. 재배하고 있는 작물은 종자회사에서 생식 능력을 없애고 상품으로 만든 것들이다. 유기농이라는 것은 기의 순환을 의미하는 바, 아무리 유기농법으로 재배한다고는 하나 실제 유기농 식물은 아닌 셈이다. 생식능력이 없는 채소를 먹는 것은 오히려 인간에게 해를 가할 뿐이며, 인간에 의해 개량되어 결국 식량전쟁의 무기로서 기능할 뿐이다. 종자회사가 종자를 주지 않으면 식량 생산을 할 수 없는 것처럼.

잡초는 스스로의 힘으로 번식한다. 요즘 산야초에 관심을 가지면서 재배하는 곳도 생겼다. 잡초를 재배하기 시작하면 잡초의 성질은 점차 사라질 것이다. 재배하지 않는 것. 밭의 개념을 바꾸는 것은 잡초를 없애는 것이 아니라 잡초를 이용하는 것이어야 한다. 사람의 먹을거리로 이용하는 것, 인간의 먹을거리로 관심을 가지게 하는 것, 즉 상품화를 거쳐서 사람들의 의식전환을 꾀하는 일이다. 잡초의 개념을 바꾸는 것은 자본주의 사회에서는 인간의 먹을거리로 이용할 때 가능하며 농사에 대한 개념을 전환하게 하는 일이다. 농사에 대한 개념의 전환은 인간이 자연에 최소한의 노동을 들이는 일이다.

밭에 나는 뚝새풀처럼 이용하기 어려운 것들은 밭을 갈면서 퇴비로 만들면 된다. 퇴비를 일부러 만드는 것이 아니라 밭에 나오는 것들을 다시 땅으로 돌려주는 것, 땅의 자생력 회복을 말한다. 산은 인간의 손이 닿지 않아도 자체 순환으로 유기물질이 풍부하다. 자생력의 회복은 농사의 개념을 바꾼다.

이것은 자연의 일부인 인간의 본성, 즉 자연을 찾는 일이다. 인간의 본성을 찾아가는 것이 연두농장의 가치인 것이다. 인간의 본성을 찾는 과정은 종의 다양성과 모든 생명의 다양성을 인정하고 그 다양성의 일원으로 있을 때 가능하다. 그렇다면 당장 연두농장에서 할 일은 무엇인가? 식이요법을 이용한 사업에 있어서 잡초 생식, 화식을 이용하여 단순한 먹을거리-화려한 밥상이라고 나는 부른다-를 만들고 잔치의 먹을거리 농주를 만드는 일, 땅에 일어나는 모든 것을 이용하고 밥상을 준비하는데 시간을 많이 들이지 않는 것이 식이요법의 바탕이 될 것이다.

결국 농을 제대로 하기 위해서는 자급자족 농이어야 한다. 최소한의 돈으로 살아갈 수 있도록 내손으로 만드는 의식주를 행해야 한다. 내 손으로 만드는 의식주는 분절된 노동, 기계노동을 거부하는 것이며 자신이 기획자로서 직접 만드는 노동자로서 일에 애정을 갖게 한다. 내 손으로 만드는 일은 검박한 생활로 우리를 이끌 수밖에 없다.

공동체적 인성의 형성은 자율을 넘어서 자연스럽고 자유스러울 것이다. 어디에 종속되고 구속되는 분절을 거부하고 뛰어넘는 것. 감수성을 가지고 상상력을 키워내는 것. 상상력은 문명에 대한 항거이며 새로운 문명을 만드는 최초의 화두이다. 단순히 자본주의를 거부하려면 산속에 들어가면 되지만 자본주의를 거부할 뿐만 아니라 저항하고 뛰어넘기 위해서는 자본주의를 이용하면 된다.

자본주의를 이용하여 연두의 가치를 실현하는 것. 일과 사람이 분리되지 않는 것. 농사에 대한 패러다임의 전환과 동시에 공동체적 인성을 만드는 것. 자연스러운, 스스로 그렇게 되어지는 것. 자연됨, 자유됨. 인간의 본성은 거기에 있으며 이것이 연두가 추구하는 가치이자 연두농장 사람들의 궁극적 자활이 될 것이다.

땅심을 키우는 퇴비를 만드는 것은 농사의 기본이다.

장터에서 팔 콩잎 짱아찌를 준비하고 있는 팀원들

농장 마당에서 월 평가 전체 회의를 하고 있다.

연두농장의 새로운 풍경

10월, 연두농장에는 새로운 풍경이 벌어지고 있다. 남성 색부 4명, 여성 색부까지 모두 14명이라는 식구가 되었다. 남성들이 연두농장에 오면서 따사로운 가을 햇살 아래서 바둑을 두기도 하고 참으로 평온한 풍경이 만들어진다.

저녁마다 막걸리 잔치를 연다. 밤에는 쌀쌀하니 모닥불도 피운다. "내가 여기 온 뒤로 하루도 거르지 않고 막걸리를 마셨구만." '젊은 오빠' 윤 형님의 말이다. 윤 형님을 젊은 오빠라고 부르는 이유는 예전에 서태지 인터넷 팬클럽도 이끌고 젊은 가수들의 노래란 노래는 다 알고 즐겨 부르기 때문이다. 팝송을 즐겨 부르기도 하는데 내 평소의 언어 '네 꼴린 대로 해라'라고 하면 이 분은 'it is up to you'라고 한다. 모나지 않고 부드러운 윤 형님. 나보다 11살이나 위이지만 훨씬 젊은 기운이 느껴진다.

남자 가운데 막내 중구의 집들이를 지난주에 했다. 원래 이름은 중필. 어느 날 연성밭 가는 길에 중구가 "저는 술을 먹으면 개가 되요"라고 하길래 "그래? 그럼 같이 술 먹고 정말 개가 되면 내가 널 중구라고 부른다"라고 했다. 그 날인가, 술을 먹었는데 별로 개가 되지는 않았지만 그 다음 날부터 중구라고 부르게 되었다. 지금은 모두 중구라고 부른다. 호칭이란 상대방이 기분 나쁘지 않으면 괜찮은 것이니까.

날마다 막걸리 잔치를 벌이는 그 곳은 김 형이 평탄 작업을 했다. '금요무대'를 만들겠다는 말도 했던 터이고 김 형이 봤을 때는 밭의 문턱을 낮추고 싶었던 모양이다. 순창 출장 간 사이에 평탄 작업을 했는데 그 날 김 형은 관리기에 덮치는 사고를 당해서 종아리 아래를 15바늘이나 꿰맸다.

김 형의 피로 만들어진 곳이 모닥불을 피우고 점심에 바둑을 두는 곳이 되었다. 김 형은 사고 통증에도 아랑곳없이 일을 한다. 게다가 날마다 막걸리를 마시니 상처가 제대로 나을 리 없다. 아무튼 대장인 나도 무대뽀지만 부대장 김 형도 무대뽀이긴 마찬가지다.

연두농장의 연령대가 갑자기 높아졌다. 내가 왕형님이라고 부르는 분은 58세. 농사일의 경험은 없지만 연두농장의 분위기가 좋아서 연두농장에 눌러 앉았다. 사업을 했던 분이라 해박함도 있고 연두농장에 바둑 바람을 불러온 장본인이기도 하다. 김 형이 '여기가 노인정 되지 않았음 좋겠다'라고 했을 정도다. 김 형은 사십대이지만 윤 형과 왕형님이 오십대. 남성이 들어오기 전에는 왕언니라고 이제 오십이다. 지금은 왕언니가 젊어지고 있다. 오빠가 둘이나 늘었으니까.

연성동 밭에 고구마를 수확하러 16명이 달려갔다. 연성동 고구마 밭은 흙이 딱딱하여 호미나 오구로 캘 수가 없다. 삽으로 고구마를 캐냈다. 한 고랑에 둘 셋씩 짝을 지어 고구마를 캤다. 한 사람은 삽으로, 한 사람은 호미로 고구마를 캐면서 상처를 내지 않기 위해 조심스럽게 삽질을 한다.

왕언니가 털썩 주저앉아 고구마 쭉정이를 바라보고 있다. 연성동 밭 고구마가 모두 실지렁이 모양으로 살이 오르지 않았다. 밤고구마를 심었는데 배수가 잘 안 되는 흙인데다가 가까운 농가에서 마구 퍼

다 놓은 축분 때문에 고구마는 쭉정이만 나왔다. 500평에 알갱이가 어느 정도 실한 것이 390kg밖에 안 나왔으니 고구마 밭을 캘 때 정말 '삽질'을 하고 있는 셈이었다. 한 해 농사 삽질이라, 결국 삽질을 하다가 삽도 두 자루나 부러뜨렸다.

올해 농사는 대체로 이렇다. 고추농사도 지난해보다 30퍼센트 수확이 줄었고, 들깨는 씨앗을 쌈채용과 나누지 않고 뿌려 예상 수확량의 절반밖에 안 되었다. 콩도 쭉정이가 많이 생겼다. 올해 농사, 특히 연성동 1,000평에 해당하는 수입은 별로 없다. 땅에 대해 또 배우는 시간이었다고 생각한다. 공극이 없는 점토질 흙. 이번 겨울을 지나면서 땅을 바꿔야 한다. 공기 좋은 연성동 땅은 다음 해에나 기대를 해볼라나. 아무튼 땅 주인에게 줄 것이 없어서 미안하다.

연두농장이 팀별로 움직이다가 오랜만에 고구마 수확을 하면서 모두 함께 일을 하니 즐거운 모양이다. 이곳저곳에서 웃는 소리들이 들린다. 나도 오랜만에 밭에서 일을 하게 되었다. 요즘에는 통 밭일을 하지 않고 기획하고 사무하는 일에만 몰두를 했으니까. "와! 아프리카 여성의 젖가슴 같다"라고 큰소리로 떠드니 "또 시작이다"라는 반응이 나오고 윤 형님은 "입으로 캐는구만"하면서 구박도 한다. 내가 하나 캐는 동안 윤 형님은 열 배는 캐는가보다. 그러더니 내게 와서 "아이고 머리로만 농사짓네. 팀장은 삽질하지 말고 노래나 불러"라고 약을 올리고 간다. 김 형은 여전히 다리가 아픈 상태에서 삽질을 하고 있다. 완례가 붙어서 김 형 걱정을 하고, 은광이는 붙어서 즐겁게 색적인 얘기를 하며 웃는다.

밭에서 먹는 점심은 새로운 맛이다. 삼삼오오 모여 점심을 먹는데 이 때 막내 정숙이의 역할이 두드러진다. 막내가 국을 퍼서 나눠주는데 "김치찌개를 시키지 백반을 시켰니?" 반찬이 부실한 것을 탓하니 막내가 뾰로퉁해진다. "와~꿀맛이다!" 삽질을 하고 먹는 밥이니 평소의 밥보다 맛이 좋을 수밖에 없다. 막걸리도 빠질 수 없다. 요즘 농장에서 즐겨 먹는 막걸리는 조로 만든 것이다.

윤 형의 서비스 정신. 밥을 먹고 난 뒤 커피를 마시기 위해 아예 물통 하나를 이고 온다. 한 쪽에는 물을 끓일 도구를 가져오는데 막내 정숙이가 달려가서 받아온다. 농촌 부부의 모습과도 같은 풍경을 팀원들이 즐겁게 바라본다. 완례가 환하게 웃는 모습 그대로이다.

중구는 류마티스 관절염으로 수술까지 해서 몸이 좀 부실하다. 처음에는 일에 적응하기 어려웠지만 지금은 능숙하게 한다. 몸이 일에 맞춰지고 있다. 몇 년 동안 집에만 있다가 자청해서 연두농장에 온 중구는 부녀가장이다. 중구에게 중학생 딸이 있는데 그 딸이 학교에서 문제를 일으켜 중구의 신경을 쓰게 하지만, 중구가 좋아지면 딸아이도 좋아질 것이라는 확신을 가지고 있다. 가끔 교육 이야기를 화제로 올려놓기도 한다. 김 형의 교육방식, 윤 형의 교육방식을 얘기하면서 자신의 자녀교육의 해결점도 찾아갈 수 있으리라.

임산부가 된 인혜. 나보다 두 살 아래던가. 아이를 갖게 되자 창피하지만 생명을 죽일 수 없다고 했다. 내년 3월이면 아이가 나온다. 인혜는 이날 고구마를 싣고 나르는 일을 한다. 임산부로 조심스럽게 일을 해야 하지만 그녀는 자신의 몸에 맞는 일을 해나간다.

점심을 먹고 난 뒤 까마중을 따러 간 사람들, 콩 수확하다가 떨어진 콩나락을 줍기도 하면서 있는 그대로의 즐거움이 넘친다.

고구마 수확이 고작 이 정도이지만 연두농장의 즐거움은 보다 새로운 것을 알아가고 발견하고 실행해나가는 재미, 농사가 어느덧 즐거운 놀이가 되어가고 있고 연두농장은 행복한 놀이터가 되고 있다.

길 없는 길을 나서다

"지금까지 살아오면서 요즘이 가장 행복해요."

이 말을 이해하는 사람이 얼마나 될까? 연두농장이 앞으로 가야 할 길을 다지느라 몸과 마음이 바쁘고, 뇌졸중으로 쓰러진 엄마의 간병으로 하루 제대로 쉬지 못하고 있는 내 상황을 안다면 어쩌면 고달픈 일상을 자위하고 있다고 생각할 지도 모른다.

"저는 이제껏 살아오면서 지금이 가장 행복해요."

연두농장 반장님 재량 형님도 똑같은 말을 한다.

저녁에 병실에서 엄마의 잠자리를 돌보고 있다가 반장님한테서 전화가 왔다.

"어디에요? 아직 병원이에요?"

"예. 엄마가 이제 막 주무시려고 하고 있어요. 곧 갈 거예요. 어디에요?"

"멕스피아. 지금 멤버들이 같이 있는데 난리 났어요. 러브라인 혼선으로 싸우고 있어요."

"하하. 또 러브라인으로 싸워요?!"

"아이고, 오늘도 배꼽 빠져나가도록 웃고 있어요."

"그래요. 하하…."

"팀장님, 사랑해요."
"예? 무슨 얘길…."
"정말이라니까요."
"예. 곧 갈게요. 도착해서 전화할게요."

러브라인은 연두농장 남녀팀원들이 같이 일을 하면서 서로 챙겨주는 것을 말하는 것이다. 실제 러브라인이 생긴 것이 아니라 같이 일하면서 주거니 받거니 대화하는 격의 없음을 드러내는 말들이다.

러브라인이 오가면 우리는 배꼽이 들락날락하느라 정신이 없어진다. 질투를 조장하는 사람이나 질투를 하는 사람이나 그 대화를 지켜보는 사람이나 실제 질투가 아니라 질투인 척 하면서 서로가 서로를 아껴주는 마음을 표현하는 것이 러브라인인데, 요즘 러브라인에 혼선이 생겼다.

"나 너 마누라 안 할래, 마누라 챙기지도 못하니까 이제부터 ○○ 마누라 할래."
"뭐야? 배신 때리네. 그러지 말고 한 번만 봐주라. 잘 해 줄게."

그 러브라인은 다름아닌 가족이다. 가족이 만들어지면 다른 가족이 들어가 혼선을 벌인다.

"그래, 넌 걔랑 잘 해라. 난 너희들 애비할란다."
"난 네 동생이고, 그러면 넌 형제니까, 난 제부가 되네, 으앙!"

이렇게 러브라인에서 가족으로 나중에는 대가족이 되어버린다. 이것이야말로 연두만이 가능한 연두의 공동체-러브라인이라고 생각한다.

출퇴근 시간이 없어진지 오래다. 일이 있으면 새벽도 저녁도 주말도 없이 자발적으로 농장에 나온다. 누구의 지시도 없다. 서로의 공감만이 있을 뿐이다. 모두가 주체적이고 능동적이다.

오히려 비주체적이고 수동적인 사람이 왕따가 된다. 그렇다고 왕따가 있는 것도 아니다. 모두가 자발적이고 능동적이니 수동적이고 비주체적인 사람은 어느 정도 시간이 흐르면 주체적으로 능동적으로 바뀐다. 소위 자활참여자들의 비자발성 때문에 골머리를 썩는 게 자활의 현실이라면 연두농장에서는 여느 자활처럼 돈을 더 주는 것도 아닌데 너도 나도 자신의 일처럼 하고 있는 최고의 팀워크를 가진 집단이 되어버렸다.

그러나 이런 자발성과 주체성만 가지고 팀워크를 자랑할 수는 없다. 내가 자랑하는 또 다른 이유는 서로가 가족이고 친구고, 또 한편으로는 팀원의 가족이 또 연두 가족이 되는 다름 아닌 공동체의 본성

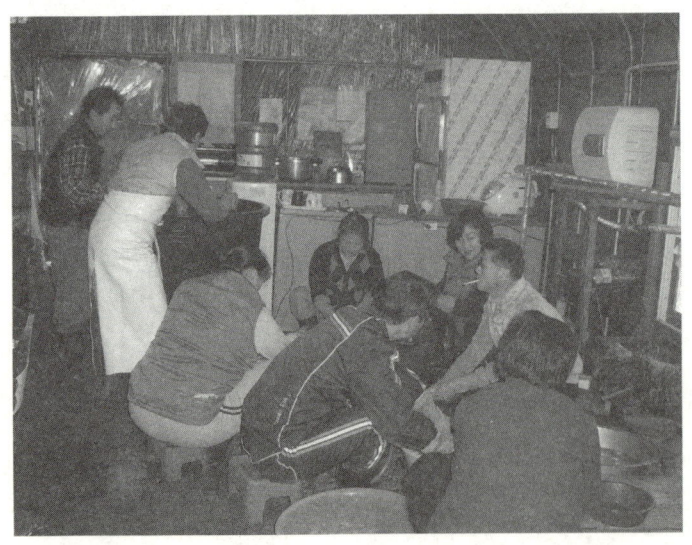

연두식구들은 중요할 일을 서로 얘기한 뒤 자신이 할 일을 찾아서 한다.

을 그대로 드러내고 있다는 점이다.

가족에 문제가 있으면 모두 나서서 문제를 해결하려고 한다. 내 가족문제가 자신의 문제인 것처럼 뒷짐 진 사람 없이 나선다. 그리고 팀원들의 가족이 연두농장에 온다. 주말에 일이 있으면 가족이 함께 와서 일을 하고 어우러진다.

아이들은 더할 나위 없다. 누구의 딸, 아들이 없다. 그들에게는 연두 팀원 모두가 이모이고 삼촌이고 할아버지이다. 심지어 네 살 태경이는 맘이 좋을 땐 아저씨를 친구라고까지 한다. 그리고 네 살, 다섯 살, 일곱 살배기들이 모여 서로 놀고 챙겨주며 오빠, 동생을 찾아간다.

연두식구들은 연두농장 팀원만이 아니라 그들의 가족까지 모두 연두식구들로 만들었다. 이럴 수 있는 것이 단순히 친분관계에서만 나올 수 있을까? 아니다. 개인이나 가족단위에서 힘겨움이 한두 가지랴.

연두농장 식구들, 민정이의 딸 태경이는
연두농장의 손녀, 딸, 조카이기도 하다

힘겨울 때 너도 나도 나서서 해결해나가는 그 힘이 바로 가족을 만들었다.

팀장과 반장, 팀원의 격의가 없으며, 상하가 없다. 그저 언니, 형님, 동생이라는 호칭이 있고 그 호칭 속에서 눈속임도 없다. 마음을 숨김 없이 드러낸다. 불만이 있으면 있는 그대로. 우리 사이에서는 그저 있는 그대로의 모습, 솔직함이 있을 뿐이다. 허리가 무너질 듯하여 잠시 앉아 있고 싶은 고통에도 막걸리, 커피, 물 한 잔에 모두 모여들고, 새참 만드는 데 네 일 내 일이 없이 서로 먹고 싶은 것 챙겨준다. 이 모든 것이 공동체적 인성이 아니고 무엇이며, 이것이 공동체가 아니고 무엇이랴?

그리고 무엇보다도 이제 그들 스스로 사업기획을 하려고 한다. 관심 있는 것을 택해 스스로 연구하는 자세들을 보인다. 더할 나위 없는

가식, 격식, 격의도 없다.
자연스러운 자율만이 있을 뿐이다.

팀워크, 그 위에 그들 스스로 기획자가 되어서 서로 받쳐주려 한다. 자신이 하고 싶은 일과 연두농장이 앞으로 해나가야 하는 일들을 스스로 조화시키려는 그들의 노력이 시작되었다.

연두로부터 우리는 모두 다시 시작하게 되었다.

연두농장 3년, 팀원들 사이의 갈등, 팀원 개인의 문제 등 사람농사가 가장 어려웠다. 사람농사가 우선이라고 생각한 내게 연두 식구들은 끊임없는 과제를 주었다. 아픔과 상처, 힘겨움과 버거움들이 교차해 나가기도 했지만, 한 번도 그들과 어우러짐을 포기한 적이 없었다. 내 생활 한가운데 연두농장과 식구들이 자리잡았다. 차츰 나아지는 팀원들을 보고 기뻐하고 서로 다독거려주기도 하면서. 지금은 내가 다독거려주지 않고 팀원들이 나를 다독거려준다. 서로가 서로에게 흔쾌히 어깨를 내어주고, 어느덧 우리는 서로의 어깨에 기대고 있었다.

"팀장의 신념이 이제는 우리 연두농장 식구들 모두의, 자신의 신념으로 되었어요. 팀장이 솔직하게 허물 없이 같이 지내고 비전을 제시하고, 그 모습에서 우리는 하나가 되었어요."

"고맙습니다. 좀 쑥스럽네요."

반장님이 고맙고 팀원들이 고맙다.

어느 팀원 하나 자랑스럽지 않고 사랑스럽지 않은 사람이 없다. 서로가 그렇게 생각하고 또 그렇게 장점을 발견하고 드러내고 단점을 고치고 보완하는 일상의 상쇄작용들. 이제 나만의 생각이 아니다. 팀원들 모두가 서로를 그렇게 생각하고 있다는 것, 그것이 연두농장의 힘이다.

힘겹고 서럽던 사람들이 모인 연두농장. 농장에만 오면 스트레스가 풀리고, 삶이 행복해진다는 사람들. 이제 그 힘으로 자급자족을 향해 지금까지 온 길보다 더 고난스러울지 모르는, 길이 없는 길을 찾아 나선 이들.
 그 먼 길, 농의 가치를 실현해가리라.

즐거운 콩 타작-이제 놀이가 되어버렸소. 웃음이 끊이질 않는 농장

연두농장 걸어온 길 🌿

2005년

목표 친환경농업기술을 익히고 친환경 농생물 재배에 집중한다.

1월
- 지역영농사업 네트워크 기초를 마련하기 위한 유기농 교육
- 천적을 통한 병충해 방제교육 및 천적 활용법 교육
- 시흥시 농업기술센터 시설재배, 노지재배에 관한 영농교육
- 계수동 부지계약

2월
- 여주 음식물 쓰레기 자원화 사업장 방문교육
- 하우스 3개동 공사 완료
- 대산 프르그육모 식재 실습과 종묘가꾸기 교육

3월
- 부지사용계획에 관한 결정
- 시설하우스-배추 및 모듬쌈, 노지-감자, 고구마, 고추 등

4월
- 감자심기
- 비닐하우스 작업
- 초화영농사업단 개장식 및 첫 수확 열무 판매
- 고구마순 이식

5월
- 고추밭 2,400주 아주갈이 및 채소밭 씨뿌리기

- 150평 고구마 아주갈이, 농자재 액비 만들기, 방제 작업 시작
- 관수시설 및 재배시설
- 팀원 분배관리제 도입

6월

- 일산 마실 토마토 및 김포 고재평 쌈채 모델 농가 방문 교육
- 토마토 병해 등 전 작물에 대한 방제 및 영양제 투여
- 감자 1차 수확

7월

- 감자 수확 마침
- 가공식품 실험(깻잎절임, 영양부추, 쌈채등)
- 탄저병. 담배나방 방제, 하우스 방제 계속
- 1일 2교대 하절기 근무 시작

8월

- 홍고추 말리기 시작
- 열무김치 가공 판매
- 배추모종 만들기(6,000주)
- 태양초 4.5kg 건조, 김장배추밭 2차 로터리

9월

- 배추 3,661주 아주갈이
- 토마토하우스 폐기
- 배추 충균 방제
- 복지관 건강생활과 먹거리 강의

10월

- 고추피클 5종 실험

- 고구마 수확(300kg)
- 경기자재교육
- 영농사업단의 특별영농법인화에 대한 농림부 정책 제안서 제출

11월
- 깨, 쥐눈이콩, 무 수확. 총각무김치-35kg(판매)
- 노지 배추 1,000포기 절임, 김치 등 예약배달 시작
- 김장배추 예약배달(배추정리기간-12월 3일까지 완료)

12월
- 배추 완료
- 자재 만들기
- 천연생리대 만들기 교육
- 2006년 평가회의

2006년

목표 생산-유통시스템의 안정화를 꾀한다.
공동체 교육 및 개별교육에 집중한다.

1월
- 운전면허학과시험 학습
- 식물생리학 학습
- 작물 재배력 학습
- 농업기술센터 시설채소 교육
- 작물 미생물/영양주기에 따른 자재 학습
- 속성퇴비 만들기

2월
- 자연농업전국무농약토론회 참가
- 무기영양소 및 2배 수확방법에 대한 교육
- 미생물 및 쌀겨배양 증식
- 한방찌꺼기속성퇴비

3월
- 쌀겨한방속성퇴비 만들기
- 하우스 농사 준비
- 토마토 하우스 아주갈이
- 충남보령살렘요양원 음식견습 5박 6일

4월
- 20일 무농약 인증서 나옴
- 쌈채 씨뿌리기/부엽토 모으기
- 열무 수확, 판매
- 식이요법 사업계획서 시에 제출
- YMCA 아기스포츠단 농사체험 시작

5월
- 토마토 냉해 및 과비 관리체계
- 쌈채 수확, 판매/고추 씨뿌리기
- 박스 포장재 제작 1,000매
- 인증스티커 부착 쌈채 판매 시작
- 연두농장 현판 및 현수막 제작 걸기
- YMCA생협 쌈채 출하

6월
- 연성동 씨뿌리기 마무리
- 토마토 잎곰팡이병 치료
- 감자, 청고추 수확 시작
- 쌈채 순환 체계 미비, 쌈채 고온관리체계 도입
- 감자체험 수확 계획 진행
- 불교생협과 거래 확정

7월
- 감자 포장 및 판매
- 토마토 시들음병 살균
- 석회보르드액 3차 뿌림
- 고추시들음병 진행속도 완화

8월
- 고추 시들음병 토양살균, 홍고추 건조 시작
- 토마토밭 폐기, 고추건조장 만들기
- 배추 파종 4,000립 (11일)
- 무 파종
- 배추밭 만들기

9월
- 배추정식(5일)/알타리 씨뿌리기
- 자재창고, 생활동 재배치
- 고추 건조 계속
- 생활동 보온덮개 공사
- 고춧가루 1차 판매
- 연성동 들깨 수확

10월
- 운영시스템 단위생산책임제 도입
- 요가명상훈련

11월
- 김장배추(불교생협 예약주문) 수확 및 절임배추로 택배
- 무 수확(2,300개), 판매
- 전국귀농장터 참가
- 2007년도 사업계획을 위한 1박2일 연천 워크샵
- 관수관리

12월
- 절임배추 완료 및 결산(중)
- 섞어띄움비, 자재 만들기
- 농기계 관리 학습
- 2006년 평가회의 및 2007년 작목 계획

2007년
목표 생산-가공-유통-폐기 농의 순환을 통한 다각화를 꾀하며,
공동체적 인성 및 영농에 필요한 실무, 기획능력을 함양한다.

1월
- 유기농업 내부 교육
- 불교생협과 간담회
- 속성퇴비(쌀겨) 만들기
- 자기 삶을 돌아보는 성찰과 토의(2주간)

2월
- 2006년 재배력, 절기력 학습
- 미생물 쌀겨배양 증식
- 부엽토 채취 등 한방찌꺼기 속성 퇴비 만들기
- 파트너쉽(공동체) 교육
- 연성동 콩-보리 사이갈이

3월
- 불교생협팀과 간담회
- 생활협동조합역사 교육
- 경북 봉화에서 생산자생활협동조합 교육
- 연두 소식지 발간
- 감자 심기
- EM효소 만들기

4월
- 불교생협 소비자회/생산자회 참여
- 농어촌사회연구소 농민사회보장제도 정책세미나 참여
- 들깨 심기, 종이멀칭 사용
- 썸채 회원 판매 시작
- 생협생활재 판매 홍보 시작

5월
- 농림부 유기자재 70% 지원 시청 농수산부에 제출
- 부처님오신날 봉은사 장터참가
- 노지 방울토마토, 고추, 들깨 아주갈이, 재배 관리

6월
- 9일 연두농장 주최 전국친환경농산물 전시판매 체험 장터 (시흥시 은행동 토요장터에서 개최)
- 시청 정기목요장터 시작(시청 식당 앞)
- 하지 감자 체험 수확 시작
- 노지 방울토마토 출하 시작
- 안현동 500평 백태 아주갈이

7월
- 하절기 2교대 시작
- 청소년 감자 수확 체험
- 감자 수확 체험 종결
- 노지 방울토마토 시들음병 관리 등
- 들깨잎 수확 판매

8월
- 노지 방울토마토 시들음병 확산
- 홍고추 도난 사건 발생으로 홍고추 수확 70근에 불과
- 김장배추 씨뿌리기(10,000립)
- 하우스 열무 씨뿌리기

9월
- 가을열무 판매
- 김장배추 아주갈이 및 무, 알타리 씨뿌리기

10월
- 연두농장 단합대회
- 백태/들깨-들기름 수확, 판매

- 가을 한마당 봉은사 장터 참여
- 2007년 생명평화 친환경대축제 견학
- 전국자활영농네트워크 구성(대표 변현단)

11월
- 김장배추 수확 판매(생포기/절임배추)
- 전국자활영농네트워크 교육(홍성 참가/강의)

12월
- 김장배추 수확 판매 (절임배추)

2008년

목표 전통농업-토종종자 복합영농사업을 통해 진정한 유기농업을 실현하고자 한다.
텃밭상자, 자재 등을 보급한다.
주말농장(연두텃밭)을 분양하고 정기적으로 교육한다.
일반 체험생태교육을 벗어나 '유기적 순환'의 체험학습을 정례화할 수 있도록 한다.
공동체 인적자원을 위해 공동체 인성 및 실행(실무)능력을 고양한다.

1월
- 물왕리농장(일꾼지역자활센터 소속)과 연두농장 통합사업단 운영시작
- 물왕리농장 디자인 및 자가비료 원료 수거 및 제조
- 물왕리 사무실 보수정비
- 산나물, 양계 내부 교육 및 과제 평가 등
- 토종종자모임
- 친환경농업 10주년 유기농업 심포지움 참가

2월
- 물왕리농장 디자인 및 연두농장 심을 종목 확정
- 보리 씨뿌리기 등 연두 하우스 밭 만들기 등
- 물왕리 생활동 보수정비
- 임시 계사 짓기
- 변현단 귀농운동본부 텃밭교사과정 참여
- 2009년 1차 전국영농회의 개최
- 희망제작소 박원순 변호사 인터뷰 〈대안의 삶을 조직하는 연두농장의 꿈〉

3월
- 연두텃밭 32구좌 (연두주말농장) 분양
- 쌈채, 감자 심기 등
- 물왕리농장 밭 만들기
- 야외 지렁이 밭 이동 및 퇴비 이동, 밭 만들기
- 파주 '이장집' 양돈교육
- 13-14일 경기영농전체워크샵(강원 횡성, 원주)
- 농진청 토종종자사업 관련 물왕리농장 방문(안완식 박사, 안철환 선생 등)
- 제주도민관합동 및 강릉영농팀 농장 방문 및 교육(19일)

4월
- 물왕리 계사, 돈사 등 축사 짓기
- 연두윗밭 만들기
- 연성동 옥수수 씨뿌리기 및 물왕리 아랫밭 밭 만들기
- 물왕리 토종종자 채종포 만들기 등
- 화분텃밭 홍보물 기획
- 대전 대철회관 전국자활영농교육(23-24일)

5월
- 화분텃밭 리플렛 제작 배포
- 토종씨앗 씨뿌리기 및 아주갈이
- 물왕리 돼지, 염소, 토끼, 오리 입식
- 자가사료 제조 등
- 신천연합병원 개원 22주년 기념(17일) 체험장터 기획 '건강한 생활을 위한 순환' 참가
- 농진청 유전자 반환행사 참여(토종종자 모임)
- 토종닭 100마리 입식
- 어성초 스킨 화장품 교육(2일)
- 토종종자 청산도 견학 및 간담회(7-8일)
- 실상사현장귀농학교 김재봉 선생 연두농사교육(13-15일)
- 전국영농회의
- 경북 울진 영농실무자 연두농장에서 견학 및 실무교육(16-18일)
- 경북 울진 영농팀 9명 견학(17-18일)

6월
- 사료원료(세미) 수급체계 확보
- 감자 수확 등
- 파주 유기축산 교육(14일)
- 양계축산 교육(17-23일)

7월
- 물왕리농장 생태체험교육 시작(유치원 두 곳, 무료체험 등)
- 겨울 온난기후 및 연작으로 인한 감자 예상수익률 1/4 하락.(굼벵이 결품)
- 물왕리 팀원과 연두농장 갈등의 현상화 시작(근무태도), 물왕리 팀원

상담 시작
- 축산팀 교체(축산팀 합류를 원하는 모든 팀원 수용)
- 생명평화순례단 연두농장 탁발(8일)
- 전국영농회의(10일)
- 부평신문 도시농업 취재(24일)
- 새오름포럼 생명도시 만들기 생태농업 부분 발제토론 참가(29일)
- 들꽃학교 생태 체험(23,30일)

8월
- 김장배추 씨뿌리기(10,000립)
- 통합운영 위기로 결단이 필요하게 됨
- 자원봉사체험 진행(9일)

9월
- 김장배추 아주갈이 관리(계수동, 연성동, 물왕리농장 일부)
- 김장 무, 갓 등 씨뿌리기
- 토종종자모임 (25일)
- 인천도시농업토론회참가(19일)
- 부산일보 취재(도시농업/19일)
- 농진청 도시농업팀 취재(24일)

10월
- 김장배추 관리
- 통합사업의 명맥을 유지하기 위해 물왕리농장과 분리 운영하되 필요시 공동 작업을 하기로 하고, 변현단이 현장관리하기로 함.
- 경향신문 〈대안의 삶〉 기사(6일)
- 시흥시 동사무소 공무원, 지역단체장 연두농장 체험(6-10일)

- MBC 뉴스투데이 〈로컬푸드〉 방영(14일)
- 가족 자원봉사농사체험 진행(25일)

11월
- 김장배추 수확, 판매
- 생명평화환경농업대축제 3개 부스 참가(1일)
- 수원 농진청 전국 농업인의 날 행사 참가(11일)
- 시흥시 농업인의 날 행사 참가(14일)
- 전국자활영농교육 참가(20-21일)

12월
- 김장배추 수확 판매 농사 마무리

덧붙이는 연두 생각 🍃

자활이란 무엇인가?

　복지 서비스의 공급자는 유일하게 국가였다. 국가의 부담을 줄이기 위해 민간에게 역할을 이양한다. 국가의 비용도 줄이고 책임도 다원화하기 위해서다. 또한 일방적 수혜 중심에서 노동을 할 수 있는 사람들에게는 생산 활동에 참여하여 '경제적 자립'을 도모하게 하는 생산적 복지를 실행한다. 대부분 생산적 복지형으로 전환되어 한시적 지원으로 자립을 꾀하는 것을 목표로 둔다. 그러나 이런 생산적 복지 수혜자들은 시장경제에서 낙오된 이들을 모아 '경제적 자립'이라는 시장경제 재진입을 꾀한다는 어불성설의 태생적 한계를 갖고 있다. 뭔가 다시 일어서서 '성공'하는 신화를 가져본다는 것은 '몽상'에 불과하다. 그저 굶지 않고 먹고 살 수 있는 일자리가 있으면 그것으로 족할 수도 있다. 즉 노동의 긍정적 의미를 가지고 일자리 개념의 방식이 요구되지 않으면 실제로 '경제적 자립'은 '보호된 시장'을 요구하게 된다.
　'사회적 경제'라는 말이 있는데 시장경쟁 속으로 다시 들어가 무차별적 경쟁에서 살아남지 못하므로 경쟁으로부터 국가의 보호가 필요하다는 것이다. '보호된 시장'은 시장경제에서는 기업이나 다른 경쟁자들로부터 끊임없이 위협을 받고 있다. 보호된 시장의 영역은 이윤이나 경쟁력이 없어 시장에서 소외된 업종들이다. 보호된 시장은 저임금을 고정화시키는 역할을 한다는 비난이 있다.

그런 면에서 볼 때 보건복지부가 진행하는 자활사업에 사회에서 꼭 필요한 '사회적 경제'는 국민의 생명에 직접적 연관이 있는 '농업'이다. 하지만 농업을 자활사업이나 사회적 일자리로 바라보지 않는다. 경쟁력을 강화하는 그러한 산업으로서 농업을 바라보니 농업으로서 자활이 가능하지 못하다는 뻔한 결론에 이르게 된다.

더욱이 자활이 불가능한 사람들을 데리고 자활을 하는 일이나 이를 지도하는 사람들의 능력 부족으로 자활사업의 현실은 엎어져 보나 뒤집어 보나 한계로 켜켜이 쌓여 있다. 그런 상태에서 농사로 자활을 꿈꾸는 것은 망연자실할 일이다.

농사란 무엇인가?

농자천하지대본이라는 말은 이미 옛말이다. 경자유전의 토지 개념도 사라졌다. 농업은 말 그대로 산업의 하나이다. 1차 산업으로 분류된 농업은 8%의 인력비율도 되지 않는다.

농업에는 두 가지 길이 있다. 생태유기농업과 공업형(기계형, 산업형) 농업이다.

우리가 유기농업이라고 하면 일반적으로 제초제, 화학비료, 농약을 치지 않고 짓는 것을 말하고 친환경 '유기농' 인증을 받는다. 그러나 유기농업을 이 정도로 이해한다면 너무나 협소하다. 유기농업은 그 이상의 의미, 즉 삶의 의미를 가진다.

그런 면에서 공업형 농업과 생태유기농으로 분류된다. 이 둘의 핵심적 차이는 '유기적 순환'이다.

공업형 농업을 보면 씨앗을 사서, 석유를 에너지로 한 트랙터나 경운기로 땅을 갈고, 기계로 씨를 뿌리고, 화학비료를 사서 뿌린다. 또한 화학농약을 사서 뿌린다. 수확을 할 때도 기계로 한다. 선별기계로 상품을 포장한다. 모든 것을 '사서' 하며, 최대한 기계의 힘을 빌린다. 계절도 없다. 하우스를 지어서 인위적 환경을 만들어 사계절 내내 농사를 짓는다. 물도 기계의 힘으로, 온도도 에너지의 투입으로, 땅의 비료도 모두 인위적으로 하니 '돈'이 들어간다.

씨앗을 사는 데도 돈이 들며, 기계를 사는 데도, 운전하는 데도 돈이 든다. 돈이 들지 않는 것이 없다. 즉 농사 기반 전체에 '돈'이 들어가고 '돈'에 종속이 된다. 그래서 이런 농사는 필연적으로 '빚'을 지게 된다. 왜냐하면 생산수확에 따른 투입비용이 크기 때문이다. 대규모 기업형에서 농생물 생산이 수지타산이 맞는다고 생각하지만 사실 그렇지 않다. 고부가가치 상품이 아니기 때문이다. 따라서 기업형 농업마저도 '돈'이 들어가는 것에 혜택을 전제로 한다. 농생물로 판매하는 것보다 가공 원료 장사를 해야 수지가 맞는다. 농사를 기계 산업에 철저히 종속시킬수록 돈이 되기 때문이다. 따라서 기계형, 산업형 농업은 필연적으로 기업형으로 가야 살아남는다. 소규모 농가는 빚만 지고 몰락할 뿐이다. 농업에서도 부익부 빈익빈이 초래되는 이유가 여기에 있다.

또한 산업형 농업은 생산된 것을 모두 시장으로 내다 팔아 '돈'으로 바꾼다. 기업은 '돈'으로 지불되고 시장으로 나가 사먹는다. 생산자는 생산품을 자기가 소비하는 것이 아니라 소비자에게 모두 내다팔고 그 돈으로 사 먹는다. 즉 산업인력의 노동자와 다름없으며, 기업노동자들 일반이 그러하듯이 농업노동자들이 필요하며 기업농소유자도 그렇게 산다.

그러므로 산업형 농업은 '소비'가 덕목일 수밖에 없다. '돈'을 벌어야 하므로. 소비가 미덕이니 '경쟁'을 해야 한다. 팔아야 하는 경쟁을 통해서야 소비될 수 있기 때문이다.

이에 반해 생태유기농업은 자본(돈)으로부터 독립되어 있다. 씨앗을 직접 받아 다음해에 심는다. 비료는 사지 않고 분뇨나 찌꺼기로 거름을 만든다. 기계에 되도록 의존하지 않는다. 심지어 밭을 경운조차 하지 않기도 한다. 지수화풍 등 자연의 모든 조건을 활용하여 농사를 짓는다. 돈으로 사는 것이 적다. 거의 모든 것을 자기 손으로 하게 되니 작은 규모의 땅을 할 수밖에 없다. 자신이 농사짓는 것은 먼저 가족의 먹을거리가 되고 남은 것들을 '돈'으로 바꾸기 위해 판다. 이렇게 짓는 농사는 우선 빚이 없으며 소비보다 '생산'이 먼저이다. 생활문화가 자신의 검박한 삶에 있다.

남은 돈은 자식들 교육비나 의료비에 쓴다. 일제시대부터 농사꾼 부모들은 알뜰한 생활과 등골이 휘어지도록 일해서 번 돈을 자식교육에 모두 바쳤다. 자식들을 도회지로 보내 교육을 시킨다. 그런 자식들이 부모의 터전인 농촌을 망하게 하는데 앞장 서왔다. 일본, 미국 유학파 엘리트들은 도시 중심의 산업과 문화를 만들어낸다. 부모들은 금의환향한 자식들이 자신과 자식을 스스로 망치고 있음을 알지 못하고 기뻐하다가 지금 여기까지 왔다, 부메랑처럼. 한치 앞을 내다보지 못한 채 자식을 뼈 빠지게 교육시킨 부모세대는 어떻게 책임을 질 것인가?

그럼에도 불구하고 현혹되는 유기농업이 있으니 그것이 유기농인증을 가지고 고투입 기계농업을 하는 부류들이다. 유기농업 자체가 순환이므로 거대한 땅덩이에서 유기농업은 불가능하다. 자연에 맡겨 농사를 짓지 않는 한. 또한 고투입 산업형 유기농업은 생활에 천착한 것이 아니라 '돈'의 흐름에 따르는 산업형 농업과 같다.

따라서 본연의 농사의 의미는 결국 반자본주의일 수밖에 없다. 농사가 자본주의화되는 순간 산업형, 공업형 농업이 되며, 그 속에서 일하는 사람들은 자신의 몸뚱아리를 팔아 돈으로 바꾸는 농업노동자일 뿐이다.

농업노동자의 길인가? 자급자족 소농공동체의 길인가?

농업을 살리겠다는 말을 많이 한다. 정부 정책의 농업 살리기는 산업형 농업을 육성하는 일이며 농업노동자를 양산하는 일이다. 가급적 많은 자본을 써서 기계형 노예를 만들어낸다. 농업형 노동자로 전락할 것인가? 최대한 자급적으로 살아가도록 애쓰는 협동공동체를 만들 것인가?

한 가지 길밖에 없다. 돈의 굴레로부터 최대한 자유롭고 풍요롭게 살아가는 방식, 자급적 소농공동체에 우리의 길이 있는 것이다.

복지와 농이 어우러지는 이유

영국에서는 텃밭운동이 1800년대 말부터 1900년대 초까지 이어졌다. 전통적인 뒷마당 정원들이, 공장들이 세워지면서 마을 밖으로 밀려나가자 집에서 떨어진 곳에 텃밭을 만들기 시작했다. 프랑스에서는 가난한 사람들이 도시의 모퉁이를 비집고 들어가 땅뙈기를 만들 수밖에 없었다.

그때 공동 시민텃밭에서 정원사를 위한 공간을 마련할 수 있었다. 독일에는 소규모 주말농장(클라인가르텐)이 있었다. 노동자와 그들의 가족을 위해 퇴근한 뒤에 버려진 땅을 경작할 수 있도록 빌려주자는 주장도 있었다.

1840년대 영국에서는 범죄율이 가장 높은 마을에 시민텃밭을 도입하기도 했다. 지자체에서는 적극적으로 전시회도 열고 판매하기도 한다. 농사 과정 속에서 체득해나가는 생명에 대한 소중함을 알게 되면서 범죄율은 차차 줄어들었다.

저항의 한 형태로 채소를 심는 일도 있다. 1649년, 온통 가난에 허덕이고 있는 모습에 분노한 사람들은 공유지를 점령하고 그곳에 채소를 심었다. 가난한 사람들이 스스로 경작하여 먹으면 국가는 비용을 크게 들이지 않고 국가적 의료행위를 하는 셈이다.

즉, 텃밭을 무료로 제공하는 것은 국가에서 하는 건강의료보험 제도의 하나가 되는 것이다. 텃밭은 다수확을 원하는 것이 아니기에 토종 씨앗을 지키는 일도 할 수 있다.

기후온난화로부터 에너지 문제 그리고 유전자식품을 비롯해 생명을 위협하는 것들. 이러한 도시에서 우리가 살아갈 길은 바로 '경작' 바람을 일으키는 일이다. 스스로 만드는 것이 맛있고 안전하며, 더없이 알뜰할 수밖에 없다.

이런 새로운 도시(마을)를 만들고, 지금 사는 곳에서 모든 것을 알뜰하게 사는 것. 그것은 기후온난화로부터 에너지, 식량 그리고 모든 위협들의 연쇄반응 속에서 우리를 스스로 지키는 것이다.

지금 사는 곳에서 할 수 있는 것을 하는 것, 이것은 우리가 시작하는 온 몸의 저항이자 지금 여기에서 실행할 수 있는 대안이다. 우리의 생명을, 우리의 자식을 자신 말고는 누구도 지켜줄 수 없다는 것을 우리는 너무나 잘 알고 있지 않은가?

변현단(卞現丹)

농부, 사회운동가, 농교육자, 농기획자, 농경영자 뭐라고 할까? 농사꾼이 농사를 짓는 시간보다 입으로 농사짓는 시간이 많아졌다. 땅만 경작하는 것이 아니라 동시에 사람과 사회를 경작하는 일이기 때문이다. 경기도 시흥에서 자활공동체〈연두농장〉을 운영하면서 사회 문제와 자신을 바로 볼 수 있는 생태적 사유체계와 삶의 방식을 바꾸는 농(農)철학과 농생활문화 교육을 하고 있다. 80년대 학생노동운동, 진보정당운동을 했다. 90년대 자유롭고 거침없는 성격으로 배낭여행을 자주 떠났다. 해외에서 원주민과 밀착된 삶을 살면서 국제어학원 운영, 강의도 했으며, 다양한 문화를 접했다. 2000년대 인터넷신문 편집국장, 민주노동당 환경정책을 만들고 2002년 인도에서 생태운동가인 반다나 쉬바를 만나 인터뷰를 하기도 했다. 이후 귀농을 결정하고 '도시빈민과 농생활'에 키워드를 가지고 도시농업과 생태농복지운동을 하고 있다.

연두농장(연두영농조합법인) 대표, 전국귀농운동본부 도시농업위원, 인드라망생명공동체 불교생협연합회(준) 운영위원, 토종종자모임 '씨드림' 운영위원으로 활동하고 있다.

연두농장 누리집 다음〈연두농장〉cafe.daum.net/nongnyu
개인 누리집 다음〈단이의 산막〉cafe.daum.net/danisanmak

연두
도시를 경작하다
사람을 경작하다

1판 1쇄 펴낸날 2009년 3월 20일

지은이   변현단
펴낸곳   그물코
펴낸이   장은성
편　집   김수진
인　쇄   대덕문화사
제　본   성문제책사
용　지   두송지업

출판등록일   2001.5.29(제10-2156호)
주소   (350-811)충남 홍성군 홍동면 운월리 368번지
전화   041-631-3914
팩스   041-631-3924
전자우편   network7@naver.com
인터넷 누리집   gmulko.cyworld.com

*이 책의 본문은 재생용지로 만들었습니다.
*잘못된 책은 사신 곳에서 바꿔 드립니다.